Bucătăria Spaniolă
Aromele și Tradițiile Iberice

Elena Fernandez

CUPRINS

SALATA DE HAMSOI SI SARDINE MARINE CU PARMEZAN 25
Materii prime 25
EXPLOZIE 25
AROMĂ 26

Salata de dovlecel cu menta, nuca si branza albastra 27
Materii prime 27
EXPLOZIE 27
AROMĂ 27

SALATA CU PEPENE VERDE, MOZZARELLA SI SUNCA 28
Materii prime 28
EXPLOZIE 28
AROMĂ 28

SALATA DE COLEGI 29
Materii prime 29
EXPLOZIE 29
AROMĂ 29

SALATA DE VARZA CU IONAZA DE GANDAC 30
Materii prime 30
EXPLOZIE 30
AROMĂ 30

SALATA PIKKERT HAUNT 31
Materii prime 31

- **EXPLOZIE** 31
- **AROMĂ** 32
- **SALATA DE ANDIVE CU cod, ton si hamsii** 33
  - **Materii prime** 33
  - **EXPLOZIE** 33
  - **AROMĂ** 33
- **SALATA DE ANDIVE CU ciuperci, creveti si mango** 35
  - **Materii prime** 35
  - **EXPLOZIE** 35
  - **AROMĂ** 36
- **Salată de râs cu fructe, creveți și vinegretă de miere și muștar** 37
  - **Materii prime** 37
  - **EXPLOZIE** 37
  - **AROMĂ** 38
- **SALATA DE ANDIVE CU RODIE SI TON** 39
  - **Materii prime** 39
  - **EXPLOZIE** 39
  - **AROMĂ** 39
- **SALATA DE INIMA CU TON SI NUCI CAJU** 40
  - **Materii prime** 40
  - **EXPLOZIE** 40
  - **AROMĂ** 40
- **SALATA DE SPINAC CU CIUPERCI, BACON SI PARMEZAN** . 41
  - **Materii prime** 41
  - **EXPLOZIE** 41

AROMĂ 41
SALATA DE SPINAC CU PERE, BRÂNZĂ ALBASTRĂ ŞI ARIPI DE MUSTAR 42
    Materii prime 42
    EXPLOZIE 42
    AROMĂ 42
SALATA DE PUI CU AIOLI DE COD SI BUSUICOC 44
    Materii prime 44
    EXPLOZIE 44
    AROMĂ 44
SALATA LUTTUCA PRAJITA CU COD Afumat 45
    Materii prime 45
    EXPLOZIE 45
    AROMĂ 46
SALATĂ DIVERSE CU BRANZĂ DE CAPRĂ ŞI VINIGRETĂ DE ARAHIDE 47
    Materii prime 47
    EXPLOZIE 47
    AROMĂ 48
SALATA DE BORDAR 49
    Materii prime 49
    EXPLOZIE 49
    AROMĂ 49
SALATA DE LUNSULA SI CREVETI 50
    Materii prime 50
    EXPLOZIE 50

AROMĂ 50
SALATA DE ARDEI CU BRÂNZĂ ȘI ȘUNCĂ 51
    Materii prime 51
    EXPLOZIE 51
    AROMĂ 51
SALATA DE SPARANGEL VERZI CU SUNCA SERRANO 52
    Materii prime 52
    EXPLOZIE 52
    AROMĂ 53
SALATA DE PASTE 54
    Materii prime 54
    EXPLOZIE 54
    AROMĂ 55
SALATA DE CARTOFI CU ANCUS, BRÂNZĂ ALBASTRĂ ȘI NUCĂ 56
    Materii prime 56
    EXPLOZIE 56
    AROMĂ 56
SALATA DE ARDEI PRAJIT CU TON SI CEAPA DE PRIMAVACA 58
    Materii prime 58
    EXPLOZIE 58
    AROMĂ 58
SALATĂ GRECEASCĂ 59
    Materii prime 59
    EXPLOZIE 59

AROMĂ 59
SALATA MALAGUEÑA 60
    Materii prime 60
    EXPLOZIE 60
    AROMĂ 60
SALATA DE MIMOSA 62
    Materii prime 62
    EXPLOZIE 62
    AROMĂ 62
SALATA DE NICOIZA 63
    Materii prime 63
    EXPLOZIE 63
    AROMĂ 63
SALATA DE PUI CU STRUGURI ȘI VINIGRETĂ DE CIDRU 64
    Materii prime 64
    EXPLOZIE 64
    AROMĂ 65
SALATA DE CARACATĂ, CREVEȚI ȘI AVOCAD 66
    Materii prime 66
    EXPLOZIE 66
    AROMĂ 67
SALATA DE RUCULA CU Afumat, SOS ROZ SI NUCI 68
    Materii prime 68
    EXPLOZIE 68
    AROMĂ 68
SALATA DE PASTE CU BRÂNZĂ FETA ȘI MENTĂ 69

Materii prime	69
EXPLOZIE	69
AROMĂ	69

SALATA DE CREVETI, HAMSOI SI RODIE ... 70

Materii prime	70
EXPLOZIE	70
AROMĂ	71

SALATA DE RUCULA CU SLANCA, BRRANZA ALBASTRA SI NUCI ... 72

Materii prime	72
EXPLOZIE	72
AROMĂ	72

SALATA DE SOMON Afumat, CREVETI, CARTOF SI CARTOFI VERZI ... 73

Materii prime	73
EXPLOZIE	73
AROMĂ	74

SALATA GALBENĂ CU SARDINE CONSERVE ... 75

Materii prime	75
EXPLOZIE	75
AROMĂ	75

SALATA WALDORF ... 76

Materii prime	76
EXPLOZIE	76
AROMĂ	77

SALATA DE CARTOFI CU CREVETI SI LEGUME ... 78

    Materii prime 78

    EXPLOZIE 78

    AROMĂ 78

SALATA CESAR 79

    Materii prime 79

    EXPLOZIE 79

    AROMĂ 80

ARDEI DE MURCIA 81

    Materii prime 81

    EXPLOZIE 81

    AROMĂ 81

SALATA DE RUCULA CU MANGO, PUI SI FISTICO 82

    Materii prime 82

    EXPLOZIE 82

    AROMĂ 82

SUPA JULIANNE 83

    Materii prime 83

    EXPLOZIE 83

    AROMĂ 83

Usturoiul ALB DE MALAGA 84

    Materii prime 84

    EXPLOZIE 84

    AROMĂ 84

SUPA DE ARDEI ROSIU PRAJIT 85

    Materii prime 85

    EXPLOZIE 85

AROMĂ 85
CRAB BISK 87
    Materii prime 87
    EXPLOZIE 87
    AROMĂ 88
CONSOMME DE PUI CU MERE 89
    Materii prime 89
    EXPLOZIE 89
    AROMĂ 89
COMUNICARE ANTEQUERA 90
    Materii prime 90
    EXPLOZIE 90
    AROMĂ 90
crema SAINT-GERMAIN 91
    Materii prime 91
    EXPLOZIE 91
    AROMĂ 91
CREVETI SI SUUPA DE CREVETI 92
    Materii prime 92
    EXPLOZIE 92
    AROMĂ 93
CREMĂ DE BUCĂTARE CASTILANĂ 93
    Materii prime 93
    EXPLOZIE 93
    AROMĂ 93
CIORBA DE PESTE 94

    Materii prime 94
    EXPLOZIE 94
    AROMĂ 94
CREMA DE AFIR 95
    Materii prime 95
    EXPLOZIE 95
    AROMĂ 96
SUPA DE BROCCOLI CU SUNNICA LA GRAR 97
    Materii prime 97
    EXPLOZIE 97
    AROMĂ 97
GAZPACHO MANCHEGO 98
    Materii prime 98
    EXPLOZIE 98
    AROMĂ 98
Crema de dovlecel 99
    Materii prime 99
    EXPLOZIE 99
    AROMĂ 99
SUPA CASTELIANA 100
    Materii prime 100
    EXPLOZIE 100
    AROMĂ 100
ULEI DE DOVLEAC 101
    Materii prime 101
    EXPLOZIE 101

AROMĂ 101

SUPA DE SPARANGEL VERZI CU SOMON Afumat 102

    Materii prime 102

    EXPLOZIE 102

    AROMĂ 102

SUPA DE SPINAC CONSERVA 103

    Materii prime 103

    EXPLOZIE 103

    AROMĂ 104

GAZPACHO ANDALUZ 105

    Materii prime 105

    EXPLOZIE 105

    AROMĂ 105

CIORBA DE FASOLE VERZI SI ARDEI CU SARE SUNCA 106

    Materii prime 106

    EXPLOZIE 106

    AROMĂ 107

CREMA DE PEPENI CU SUNCA SI CARTOF 108

    Materii prime 108

    EXPLOZIE 108

    AROMĂ 108

SUPA DE CARTOFI CU CHORIZO 109

    Materii prime 109

    EXPLOZIE 109

    AROMĂ 109

CONFERINTA CREMA DE PERE SI CARTOFI 110

- Materii prime 110
- EXPLOZIE 110
- AROMĂ 110

SUNET DE FINISARE 111
- Materii prime 111
- EXPLOZIE 111
- AROMĂ 111

CIORBA DE ciuperci si parmezan palid 112
- Materii prime 112
- EXPLOZIE 112
- AROMĂ 112

SUPĂ DE ROȘII 113
- Materii prime 113
- EXPLOZIE 113
- AROMĂ 113

CREMA RECE DE PEPENI 114
- Materii prime 114
- EXPLOZIE 114
- AROMĂ 114

CREMA DE Sfecla 115
- Materii prime 115
- EXPLOZIE 115
- AROMĂ 115

crema PARMENTIER 116
- Materii prime 116
- EXPLOZIE 116

- AROMĂ 116
- crema de scoici 117
  - Materii prime 117
  - EXPLOZIE 117
  - AROMĂ 118
- MOLCI CU SUNCA SI NISCALOS 119
  - Materii prime 119
  - EXPLOZIE 119
  - AROMĂ 120
- Chifurile gravide 122
  - Materii prime 122
  - EXPLOZIE 122
  - AROMĂ 122
- Bomboane FOIE cu CEPA caramelizata 124
  - Materii prime 124
  - EXPLOZIE 124
  - AROMĂ 124
- ANJOVÍ BUCAT CU MĂSLINE ȘI PATE DE MARAR 125
  - Materii prime 125
  - EXPLOZIE 125
  - AROMĂ 126
- CHORICITOS ÎN CIDRU CU MIERE ȘI ROZMARIN 127
  - Materii prime 127
  - EXPLOZIE 127
  - AROMĂ 127
- SAMMI DE CÂRMAȚI ȘI SUNNICĂ 128

Materii prime	128
EXPLOZIE	128
AROMĂ	128

CIUPERCI LA GRAR CU CREVETI SI ULEI DE CAYENNE SI BUSUOC 130

Materii prime	130
EXPLOZIE	130
AROMĂ	130

CROCHETE DE CÂRNAȚI ȘI PERE 131

Materii prime	131
EXPLOZIE	131
AROMĂ	132

CROCHETE DE COD 133

Materii prime	133
EXPLOZIE	133
AROMĂ	133

MOLCI ÎN SOS 135

Materii prime	135
EXPLOZIE	135
AROMĂ	136

BĂRCI DE TON 137

Materii prime	137
EXPLOZIE	137
AROMĂ	138

Creveți cu usturoi 140

Materii prime	140

EXPLOZIE	140
AROMĂ	141

ULEI DE MOZZARELLA, CIRES SI ARUCULA ... 142

Materii prime	142
EXPLOZIE	142
AROMĂ	142

VALABIL ... 143

Materii prime	143
EXPLOZIE	143
AROMĂ	143

EMPANADA DE CASĂ Aluat ... 144

Materii prime	144
EXPLOZIE	144
AROMĂ	144

CROCHETE DE GAIN SI OU FIRT ... 146

Materii prime	146
EXPLOZIE	146
AROMĂ	147

PÂINE BRÂNZĂ ȘI NUCI CROCHETE ... 148

Materii prime	148
EXPLOZIE	148
AROMĂ	148

CROCHETE SUNCA SERRANO ... 150

Materii prime	150
EXPLOZIE	150
AROMĂ	150

CARNE DE COD CU CREVETI 153
    Materii prime 153
    EXPLOZIE 153
    AROMĂ 154

FOCACCIA DE MĂSLINE NEGRE ȘI ITALIANA ROSII USCATE
.... 155
    Materii prime 155
    EXPLOZIE 155
    AROMĂ 156

GUACAMOLE MEXICAN 157
    Materii prime 157
    EXPLOZIE 157
    AROMĂ 157

OMELETTA ADELEI 158
    Materii prime 158
    EXPLOZIE 158
    AROMĂ 158

MORTERUELO DIN LA MANCHA 160
    Materii prime 160
    EXPLOZIE 160
    AROMĂ 161

AIOLI Cartofi 162
    Materii prime 162
    EXPLOZIE 162
    AROMĂ 162

Ficat de pui 163

    Materii prime 163
    EXPLOZIE 163
    AROMĂ 164

CARTI PALMERITAS CU PESTO 165
    Materii prime 165
    EXPLOZIE 165
    AROMĂ 165

PAINE SUNCA DE SERRANO CU STAFIDE 167
    Materii prime 167
    EXPLOZIE 167
    AROMĂ 167

CARTOFI PICANTE 168
    Materii prime 168
    EXPLOZIE 168
    AROMĂ 169

O SERIE DE ELU, CREVETI SI MOZZARELLA 170
    Materii prime 170
    EXPLOZIE 170
    AROMĂ 170

ARDEI PIQUILLO CARAMELAT 172
    Materii prime 172
    EXPLOZIE 172
    AROMĂ 172

QUICHE LORRAINE 173
    Materii prime 173
    EXPLOZIE 173

AROMĂ	173
SÂNGE DE CEAPĂ	**175**
Materii prime	175
EXPLOZIE	175
AROMĂ	175
RECUPERAREA MIDIEI LA ESCABECHE	**176**
Materii prime	176
EXPLOZIE	176
AROMĂ	177
Pâine prăjită cu HESIE CU DULME DE ROSII	**178**
Materii prime	178
EXPLOZIE	178
AROMĂ	178
ȘORBET DE ROSII CU ȘUNCĂ DE RAȚĂ ȘI BUSUOCIC	**180**
Materii prime	180
EXPLOZIE	180
AROMĂ	180
TIGRU	**182**
Materii prime	182
EXPLOZIE	182
AROMĂ	183
ANCHOI MARINERT SI ARDEI ROSIU PRAJIT	**184**
Materii prime	184
EXPLOZIE	184
AROMĂ	184

TIMBAL DE ȘUNCĂ SERRANO UMPLUT CU CEAPĂ DE PRIVĂVĂRĂ, MERE ȘI BRÂNZĂ 186
    Materii prime 186
    EXPLOZIE 186
    AROMĂ 187

MODELE CU ciuperci și brânză 188
    Materii prime 188
    EXPLOZIE 188
    AROMĂ 188

PUI DE LEGUME FRÂPT CU ANANAS LA GRĂTAR 190
    Materii prime 190
    EXPLOZIE 190
    AROMĂ 190

SALATA DE TARA 192
    Materii prime 192
    EXPLOZIE 192
    AROMĂ 193

SALATA GERMANA 194
    Materii prime 194
    EXPLOZIE 194
    AROMĂ 194

SALATA DE OREZ 195
    Materii prime 195
    EXPLOZIE 195
    AROMĂ 195

SALATA MIXTA 196

    Materii prime 196

    EXPLOZIE 196

    AROMĂ 197

SALATA DE ARDEI IUT CU Prezervative 198

    Materii prime 198

    EXPLOZIE 198

    AROMĂ 198

SALATA CAPRESE 201

    Materii prime 201

    EXPLOZIE 201

    AROMĂ 201

SALATĂ RUSEASCĂ 202

    Materii prime 202

    EXPLOZIE 202

    AROMĂ 202

SALATA DE FASOLE ALBE CU SLANCA SI PORTOCALE 204

    Materii prime 204

    EXPLOZIE 204

    AROMĂ 204

MERLULU LA RIOJANA 206

    Materii prime 206

    EXPLOZIE 206

    AROMĂ 207

COD CU SOS DE CAPSUNI 208

    Materii prime 208

    EXPLOZIE 208

  AROMĂ 208
Păstrăv murat 209
  Materii prime 209
  EXPLOZIE 209
  AROMĂ 210
FRUCTE DE MARE STIL BILBAO 211
  Materii prime 211
  EXPLOZIE 211
  AROMĂ 211
SCAMPI DE CREVETI 212
  Materii prime 212
  EXPLOZIE 212
  AROMĂ 212
COD 213
  Materii prime 213
  EXPLOZIE 213
  AROMĂ 213
COD DE AUR 215
  Materii prime 215
  EXPLOZIE 215
  AROMĂ 215
CRAB ÎN STIL BASC 216
  Materii prime 216
  EXPLOZIE 216
  AROMĂ 217
ANCHOS IN OTIT 218

    Materii prime 218

    EXPLOZIE 218

    AROMĂ 218

BRANDĂ DE COD 219

    Materii prime 219

    EXPLOZIE 219

    AROMĂ 219

PERIOADA ÎN ADOBO (BIENMESABE) 220

    Materii prime 220

    EXPLOZIE 220

    AROMĂ 221

CITRICE ȘI TON MURAT 222

    Materii prime 222

    EXPLOZIE 222

    AROMĂ 223

SALATA DE HAMSOI SI SARDINE MARINE CU PARMEZAN

Materii prime

100 **g parmezan**

75 **g măsline**

75 **g nuci**

10 **sardine marinate**

10 **hamsii**

1 **catel de usturoi**

1 **castravete**

1 **ceapa primavara**

½ **andive**

Oțet

Ulei de masline

Sare

EXPLOZIE

Se spală și se sterilizează scarola. Frecați o jumătate de cățel de usturoi pe suprafața unui bol de salată.

Curățați castraveții de coajă și îndepărtați fâșiile subțiri. Tăiați fulgii de parmezan în același mod. Adăugați-o la andive. Scurgeți măslinele și tăiați-le în sferturi. Tăiați ceapa primăvară în fâșii fine julienne.

Terminați de asamblat salata cu nucile, măslinele, sardinele și ansoa. Se imbraca cu o vinaigreta de ulei, otet si sare.

AROMĂ

Proporțiile obișnuite pentru vinegrete sunt 3 părți ulei la 1 parte oțet plus un praf de sare.

Salata de dovlecel cu menta, nuca si branza albastra

Materii prime

2 **dovlecei**

200 **g branza albastra**

100 **g de nuci**

8 **frunze de mentă**

1 **cayenne**

2 **linguri suc de lamaie**

6 **linguri de ulei de măsline extravirgin**

Sare si piper

EXPLOZIE

Spălați dovlecelul și îndepărtați fâșiile subțiri cu ajutorul unui curățător. Îndepărtați și fâșiile subțiri de parmezan și mentă. Tăiați brânza și nucile în bucăți mici.

Se face o vinegreta cu ulei, zeama de lamaie, piper cayenne tocat marunt, sare si piper.

Se amestecă toate ingredientele și se îmbracă cu vinaigretă.

AROMĂ

Salata trebuie îmbrăcată în ultimul moment. În caz contrar, ingredientele vor fi umede și nu crocante.

SALATA CU PEPENE VERDE, MOZZARELLA SI SUNCA

Materii prime

1 pungă de cotlete de miel

175 g de mozzarella în bile mici

100 g şuncă serrano

½ pepene verde

½ legătură de busuioc

3 linguri de otet

Ulei de masline

Sare si piper

EXPLOZIE

Tăiați bile de pepene cu un pumn. Punem salata de miel intr-un bol de salata, punem deasupra branza mozzarella si bilutele de pepene verde. Tăiați şunca fâșii şi adăugați-o în salată. Amestecați ingredientele împreună.

Zdrobiți busuiocul în puțin ulei. Faceți o vinegretă cu 9 linguri de ulei de busuioc şi 3 linguri de oțet.

Se imbraca salata si se asezoneaza cu sare si piper.

AROMĂ

Un aperitiv foarte original şi răcoritor este să înmuiați bilutele de pepene verde timp de 24 de ore într-o băutură la alegere (sangria, mojito etc.).

SALATA DE COLEGI

Materii prime

½ **varză**

4 **linguri smântână groasă**

2 **linguri de maioneza**

1 **lingura mustar**

1 **lingurita otet**

½ **ceapă primăvară mică**

2 **morcovi**

1 **măr**

Sare

EXPLOZIE

Tăiați varza, morcovii, ceapa primăvară și mărul în fâșii foarte subțiri.

Amestecați smântâna, maioneza, muștarul și oțetul cu o oală într-un castron.

Se imbraca salata cu sosul, se condimenteaza cu sare si se amesteca bine.

AROMĂ

Se lasa sa se odihneasca cel putin 2 ore la frigider si se indeparteaza orice lichid care ar putea scapa.

SALATA DE VARZA CU IONAZA DE GANDAC

Materii prime

175 **g varză**

175 **g varză roşie**

75 **g maioneza**

1 **morcov mare**

2 **arpagic mari**

1 **măr**

½ **sfeclă roşie fiartă**

Sare si piper

EXPLOZIE

Se curata varza si varza rosie si se taie fasii foarte subtiri.

Se curata si se rade morcovul si arpagicul. Se curăţă, se curăţă şi se rade mărul.

Amestecaţi sfecla roşie cu maioneza. Se amestecă totul într-un bol şi se condimentează.

AROMĂ

Se lasa sa se odihneasca cel putin 2 ore la frigider si se indeparteaza orice lichid care ar putea scapa.

SALATA PIKKERT HAUNT

Materii prime
4 **gandaci**
2 **pahare de vin alb**
1 **salata romana**
1 **catel de usturoi**
1 **frunză de dafin**
1 **morcov**
1 **praz**
Grâu
1 **pahar de otet**
Ulei de masline
Sare si piper

EXPLOZIE

Faina, asezoneaza si rumenesc napii intr-o oala. Scoateți și comandați.

Prăjiți morcovul și prazul tăiate în bete și usturoiul feliat în același ulei. Cand legumele sunt moi, adauga 1 pahar de ulei, otet si vin. Adăugați foaia de dafin și piperul, asezonați cu sare și gătiți timp de 5 minute.

Adăugați napii și gătiți încă 35 de minute la foc mic sau până se înmoaie. Se lasa acoperit de la foc.

Curățați și sterilizați salata. Tăiați-o fâșii subțiri și adăugați potârnichile dezosate. Se orneaza cu marinada.

AROMĂ

Escabeche este o modalitate excelentă de conservare a alimentelor.

SALATA DE ANDIVE CU cod, ton si hamsii

Materii prime

1 andive

350 g cod desalinizat

25 g alune prajite

1 cutie mică de măsline negre fără sâmburi

1 conserva de ton in ulei

1 conserve de hamsii

2 catei de usturoi

6 linguri de ulei de măsline

2 linguri de otet

Sare

EXPLOZIE

Curățați și sterilizați scarola. Tăiați-l în bucăți medii și păstrați.

Se fierbe codul 2 minute, se scoate si se zdrobeste.

Tăiați usturoiul în bucăți mici și rumeniți-l ușor în ulei. Adăugați oțet de pe foc.

Puneți scarola, măslinele, codul zdrobit, tonul și anșoa într-un bol de salată. Apa cu ulei cu usturoi si sare corecta.

Se adauga deasupra alunele tocate.

AROMĂ

Puteți adăuga și câteva rodii. Va da salatei o notă dulce-acrișoară în același timp.

SALATA DE ANDIVE CU ciuperci, creveti si mango

Materii prime

½ **andive**

150 **g ciuperci, filetate si curatate**

150 **g brânză Burgos**

16 **creveți fierți și curățați de coajă**

1 **mango copt**

1 **lingura mustar**

12 **linguri de ulei de măsline**

3 **linguri de otet**

Sare si piper

EXPLOZIE

Spălați și sterilizați scarola și tăiați-o în bucăți de dimensiuni medii.

Curățați și tăiați mango-ul în cuburi de mărime medie. Tăiați brânza în cuburi de aceeași dimensiune.

Serviți salata cu andive, brânza, mango, ciupercile curățate și filetate și creveții.

Bateți uleiul, oțetul, muștarul, sare și piper și îmbrăcați salata cu această vinaigretă.

AROMĂ

Pentru ca scarola să fie mai crocantă, trebuie ținută în apă cu gheață timp de 5 minute după spălare.

Salată de râs cu fructe, creveți și vinegretă de miere și muștar

Materii prime

1 **pungă de cotlete de miel**

150 **g brânză albastră**

75 **g nuci**

12 **creveți fierți și curățați**

2 **linguri de muștar**

1 **lingura miere**

8 **căpșuni**

2 **kiwi**

½ **mango**

12 **linguri de ulei de măsline**

3 **linguri de otet**

Sare si piper

EXPLOZIE

Tăiați toate fructele în cuburi obișnuite și păstrați-le la frigider. Faceți vinegreta amestecând într-un castron uleiul, oțetul, muștarul, mierea, sare și piper.

Așezați baza de lati de miel. Puneți fructele deasupra și terminați cu creveții. Asezonați cu vinaigretă.

AROMĂ

Salata trebuie îmbrăcată în ultimul moment. În caz contrar, ingredientele vor fi umede și nu crocante.

SALATA DE ANDIVE CU RODIE SI TON

Materii prime

1 **andive**

150 **g de conserva de ton**

1 **roșie mică rasă**

1 **catel de usturoi**

1 **grenadă**

6 **linguri de ulei de măsline**

2 **linguri de otet**

Sare si piper

EXPLOZIE

Tăiați usturoiul în jumătate și frecați bolul cu salată până când este bine înmuiat.

Tăiați scarola, decojiți rodia și adăugați roșiile ras și tonul.

Faceți o vinegretă cu ulei, oțet, sare și piper. Prăjiți scarola și amestecați bine, astfel încât aroma să strălucească.

AROMĂ

O altă posibilitate este să tăiați usturoiul în bucăți mici și să-l rumeniți ușor în ulei. Apoi salata se imbraca cu acest sos cald.

SALATA DE INIMA CU TON SI NUCI CAJU

Materii prime
4 **muguri**
150 **g ton conservat in ulei**
100 **g de caju prăjite**
1 **lingurita boia dulce**
2 **catei de usturoi**
rosii cherry colorate
măsline negre
12 **linguri de ulei**
4 **linguri de otet**
Sare

EXPLOZIE

Curățați mugurii, tăiați-i în sferturi și puneți-i într-un bol de servire.

Tocați mărunt usturoiul și rumeniți-l într-o tigaie cu ulei. Adăugați caju, boia de ardei și oțet.

Adăugați tonul, măslinele și roșiile în inimioare și îmbrăcați cu vinegreta caldă.

AROMĂ

Prăjiți ardeii doar 5 secunde înainte de a adăuga oțetul; daca se prajeste mai mult, se va arde si vinegreta va avea un gust amar.

SALATA DE SPINAC CU CIUPERCI, BACON SI PARMEZAN

Materii prime

1 **pungă de spanac proaspăt**

100 **g bacon**

50 **g ciuperci proaspete**

30 **g parmezan ras**

2 **linguri de muștar**

1 **lingura suc de lamaie**

9 **linguri de ulei de măsline**

Sare si piper

EXPLOZIE

Tăiați slănina fâșii și rumeniți-o într-o tigaie fără ulei.

Puneti spanacul, ciupercile curatate si feliate, parmezanul si baconul intr-un bol de salata.

Amesteca uleiul, mustarul, zeama de lamaie, sare si piper si imbracam salata cu aceasta vinegreta. Elimina.

AROMĂ

Puteți adăuga, de asemenea, nuci și migdale despicate în salată.

SALATA DE SPINAC CU PERE, BRÂNZĂ ALBASTRĂ ȘI ARIPI DE MUSTAR

Materii prime

2 pere
150 g brânză albastră
100 g spanac
75 g nuci
½ ceapă primăvară
1 lingură muștar de Dijon
1 lingura suc de lamaie
1 lingura otet
9 linguri de ulei de măsline
Sare si piper

EXPLOZIE

Curățați și tăiați perele în jumătate, apoi tăiați-le felii subțiri. De asemenea, tocați mărunt arpagicul și brânza cubulețe.

Se amestecă uleiul, oțetul, muștarul, zeama de lămâie, sare și piper.

Asamblați salata cu spanac, pere, arpagic și brânză. Asezonați cu vinegretă și acoperiți cu nucă mărunțită.

AROMĂ

Puteți folosi orice nuci, fructe și brânzeturi ne plac cel mai mult.

SALATA DE PUI CU AIOLI DE COD SI BUSUICOC

Materii prime

500 **g de năut fiert**

500 **g cod desalinizat**

250 **ml lapte**

1 **lingurita boia**

2 **catei de usturoi**

1 **ceapa primavara**

1 **ardei verde**

8 **frunze de busuioc**

Sos alioli (vezi secțiunea bulion și sosuri)

EXPLOZIE

Fierbe codul in lapte 2 minute. Scoateți, uscați și zdrobiți.

Tăiați ceapa primăvară, usturoiul și ardeiul în bucăți mici. Se prajesc legumele 15 minute la foc mic cu putin ulei si apoi se adauga ardeii. Se amestecă năutul cu sosul și se condimentează cu sare.

Amestecați frunzele de busuioc cu aioli până obțineți un sos omogen.

Nautul decojim, punem deasupra codul si imbracam cu 1 lingura de busuioc aioli.

AROMĂ

Se poate face cu cod afumat. Rezultatul este spectaculos.

SALATA LUTTUCA PRAJITA CU COD Afumat

Materii prime

150 **g cod afumat**

10 **măsline negre**

4 **ardei rosii**

3 **catei de usturoi**

2 **vinete**

1 **ceapa primavara**

Oțet

150 **ml ulei de măsline**

Sare

EXPLOZIE

Curățați legumele, ungeți-le cu ulei și coaceți-le împreună cu usturoiul învelit în folie de aluminiu la 160 ºC timp de 1 oră. Scoateți și acoperiți ardeii pentru a transpira.

Curatam vinetele si ardeiul si le taiem fasii. Julienne taie si ceapa primavara.

Zdrobiți usturoiul și măslinele cu ulei.

Se pun legumele pe o farfurie, se condimenteaza cu sare, se adauga codul si uleiul de masline si se adauga putin otet.

AROMĂ

A transpira ardeii înseamnă a-i acoperi imediat după coacere cu o cârpă sau folie alimentară sau folie de aluminiu. Prin urmare, evaporarea face mult mai ușor decojirea pielii.

SALATĂ DIVERSE CU BRANZĂ DE CAPRĂ ȘI VINIGRETĂ DE ARAHIDE

Materii prime

1 **plic de salată mixtă**
100 **g bacon**
50 **g de nuci**
50 **g migdale**
50 **g alune de padure**
2 **linguri de miere**
4 **felii de brânză de capră**
15 **roșii cherry**
8 **rosii uscate in ulei**
1 **ceapa primavara**
125 **ml ulei virgin**
45 **ml de oțet de Modena**

EXPLOZIE

Rumeniți nucile în ulei. Adăugați oțet de Modena și linguri de miere. Scurgeți, dar lăsați bucăți întregi.

Prăjiți feliile de brânză pe ambele părți într-o tigaie foarte fierbinte. Scoateți și comandați. Rumeniți slănina tăiată fâșii în aceeași tigaie.

Tăiați ceapa primăvară în Juliana.

Asamblați salata cu amestecul de salată verde, roșii despicate, bacon, arpagic și brânză. Asezonați după gust cu vinegretă de fructe uscate.

AROMĂ

Puteți adăuga niște fulgi de parmezan și niște crutoane prăjite.

SALATA DE BORDAR

Materii prime

700 **g de legume fierte (naut, fasole alba, etc.)**

1 **ceapa mica**

½ **ardei gras rosu**

½ **ardei verde**

1 **roşie mare**

3 **conserve de ton**

12 **linguri de ulei de măsline**

4 **linguri de otet**

Sare

EXPLOZIE

Tăiaţi roşiile, ardeii şi ceapa în bucăţi foarte mici. Se amestecă tonul şi leguminoasele scurse şi spălate şi se condimentează cu ulei, oţet şi sare.

AROMĂ

Ideal pentru consumul de leguminoase vara şi pentru ca cei mici să le mănânce mai bine.

SALATA DE LUNSULA SI CREVETI

Materii prime

250 g de linte fiartă

12 creveți fierți

2 linguri de muștar

3 crengute de arpagic

1 roșie mare

1 ceapa primavara

6 linguri de ulei de măsline

½ lingură de oțet

Sare si piper

EXPLOZIE

Curata rosiile si taie-le in bucatele mici. Tăiați și ceapa primăvară în bucăți mici și tocați fin arpagicul.

Amestecă într-un castron ceapa primăvară, roșiile, arpagicul și lintea fiartă.

Se bate uleiul cu muștar, oțet și piper.

Se imbraca salata cu vinegreta, se amesteca si se condimenteaza cu sare. Se serveste cu creveti curatati deasupra.

AROMĂ

Cel mai bine este să o faci cu o zi înainte pentru ca salata să capete mai multă aromă.

SALATA DE ARDEI CU BRÂNZĂ ȘI ȘUNCĂ

Materii prime

250 g de șunca fiarta

150 g brânză manchego

250 ml maioneză

2 ardei verzi

2 ardei rosii

2 rosii

½ salata

Ulei de masline

Sare

EXPLOZIE

Tăiați ardeiul fâșii subțiri și șunca și brânza în cuburi.

Rumeniți ardeii într-o oală foarte fierbinte timp de 5 minute. Necesar.

Curățați și sterilizați salata verde și tăiați-o în fâșii subțiri. Puneți-l în fundul unui bol de salată, apoi puneți roșiile feliate deasupra ardeilor, șuncă și brânză. Sos cu maioneza.

AROMĂ

Pentru un sos original, amestecați 1 lingură de pudră de curry cu maioneză.

SALATA DE SPARANGEL VERZI CU SUNCA SERRANO

Materii prime

1 **buchet de sparanghel verde**

1 **lingura miere**

4 **felii de sunca serrano**

2 **ardei verzi italieni**

2 **cepe de primăvară**

1 **salata de frunze de stejar**

Stafide

11 **linguri de ulei de măsline**

3 **linguri de otet de Modena**

Sare si piper

EXPLOZIE

Curățați, sterilizați și tăiați salata verde în bucăți medii. Necesar.

Tăiați fâșii subțiri de sparanghel cu un curățător. Prăjiți-le timp de 30 de secunde într-o tigaie foarte fierbinte cu 2 linguri de ulei. Ajustați sarea și rezervați.

Tăiați mărunt ardeiul și arpagicul. Tăiați fâșii și rumeniți șunca serrano. Faceți o vinegretă cu restul de ulei, oțet, miere, sare și piper.

Se pune salata pe masa, se pune deasupra ardeiul si ceapa primavara. Adăugați sparanghelul cald, șunca serrano, o mână de stafide și îmbrăcați cu vinegreta.

AROMĂ

Pentru a face salata mai netedă și mai crocantă, trebuie pusă în apă cu gheață până este gata să se acopere.

SALATA DE PASTE

Materii prime

spirale de 200 g

300 g brânză manchego

300 g şuncă York

50 g măsline verzi în sâmbure

4 conserve de ton conservat

1 conserve de ardei piquillo

10 hamsii

3 oua fierte

2 morcovi

2 rosii

1 ceapa primavara

Sos roz (vezi secţiunea bulion şi sosuri)

EXPLOZIE

Fierbe pastele în multă apă cu sare. Scurgeţi, împrospătaţi şi păstraţi la rece.

Rade morcovii. Tăiaţi mărunt ceapa primăvară şi roşiile. Tăiaţi ardeii piquillo, ouăle şi anşoa în bucăţi mici şi cubuleţe brânza Manchego şi şunca York.

Se amestecă pastele cu toate ingredientele şi se îmbracă cu sosul roz.

AROMĂ

De asemenea, puteți adăuga busuioc tocat, porumb și 1 linguriță de boia.

SALATA DE CARTOFI CU ANCUS, BRÂNZĂ ALBASTRĂ ȘI NUCĂ

Materii prime

4 **cartofi mari**

25 g **brânză albastră**

4 **linguri de maioneza**

15 **hamsii**

3 **oua fierte**

1 **rosie**

Nuci

Lapte

Ulei de masline

sare grunjoasă

EXPLOZIE

Cartofii se curata si se taie felii groase si se calesc in apa rece la foc mic, sa nu se rupa. Scurgeți și răciți.

Roșiile se curăță de coajă și se taie în felii subțiri. Amesteca branza cu maioneza si un strop de lapte.

Tăiați cartofii cu puțină sare grunjoasă și ulei. Deasupra se aseaza feliile de rosii si ansoa. La final, se acopera cu sosul de branza si se orneaza cu o mana de nuci tocate.

AROMĂ

O alta varianta este sa adaugati in salata cateva fasii de ardei rosu copt cu 1 usturoi tocat marunt.

SALATA DE ARDEI PRAJIT CU TON SI CEAPA DE PRIMAVACA

Materii prime

4 **ardei roşii mari**

3 **conserve de ton**

2 **catei de usturoi**

2 **cepe de primăvară**

Oţet

Ulei de masline

Sare

EXPLOZIE

Împingeţi tulpina ardeiului spre interior şi îndepărtaţi seminţele. Se toarna putin ulei pe o tava de copt si se aseaza ardeii, unsi si ei cu ulei. Se prăjeşte la 160 °C timp de 90 de minute şi se întoarce la jumătatea coacerii.

Între timp, tăiaţi ceapa primăvară în fâşii julienne foarte subţiri şi usturoiul în bucăţi mici.

Când ardeii sunt prăjiţi, acoperiţi-i timp de 40 de minute cu folie de plastic pentru a transpira.

Tăiaţi ardeiul fâşii, adăugaţi ceapa primăvară, usturoiul şi tonul. Se condimenteaza cu ulei, otet si sare si foloseste bulionul de la copt pentru a imbraca salata.

AROMĂ

Puteţi prăji cojile de ardei la foc mediu şi obţineţi cristale crocante care sunt perfecte pentru ornat.

SALATĂ GRECEASCĂ

Materii prime

500 g branza feta

1 lingura oregano

5 castraveți

2 roșii mari

Măsline negre sâmburiate

Ulei de masline

Sare

EXPLOZIE

Curățați și tăiați castraveții în cuburi de mărime medie. Tăiați brânza feta și roșiile la aceeași dimensiune.

Amesteca castravetii, branza, rosiile, maslinele negre si oregano intr-un castron de salata. Se condimentează cu ulei de măsline și sare.

AROMĂ

Puteți adăuga puțin oțet. Daca rosiile sunt curatate de coaja inainte de a fi taiate, textura finala este foarte buna.

SALATA MALAGUEÑA

Materii prime

1 **kg de cartofi**

150 **g conserva de ton (sau cod afumat)**

50 **g de măsline negre**

1 **lingura otet de sherry**

2 **portocale**

2 **oua**

1 **ceapa primavara**

3 **linguri ulei de masline**

Sare

EXPLOZIE

Juliana taie ceapa primavara. Tăiați cartofii în bucăți de dimensiuni medii și gătiți până se înmoaie. De asemenea, fierbeți ouăle timp de 10 minute. Se răcește și se decojește.

Scoateți feliile de portocală și curățați coaja albicioasă.

Asamblați salata cu cartofii fierți, ouăle feliate, arpagicul, măslinele negre întregi, tonul sau codul afumat și felii de portocale. Se condimentează cu o vinaigretă de ulei, oțet și un praf de sare și se amestecă.

AROMĂ

Puteți adăuga și câteva frunze de mentă.

SALATA DE MIMOSA

Materii prime
1 **salata romana mare**
250 **g de struguri**
¼ **litru de smântână**
3 **banane medii**
3 **portocale mari**
1 **ou fiert tare**
Suc de ¼ de lămâie
Sare si piper

EXPLOZIE
Curățați salata verde și tăiați-o în bucăți mari. Curățați și feliați bananele. Curățați portocalele, tăiați-le felii și îndepărtați folia albă care le acoperă.

Deasupra punem salata impreuna cu varza, fructele si oul tocat.

Se condimentează cu sos de smântână, suc de lămâie, sare și piper.

AROMĂ
Pentru a preveni rumenirea nisipului, turnați peste el suc de lămâie când o tăiați.

SALATA DE NICOIZA

Materii prime

500 g de cartofi

500 g roșii

250 g fasole verde

120 g de măsline negre

1 lingura mustar

15 hamsii

10 linguri de ulei și măsline

3 linguri de otet

Sare și zahăr

EXPLOZIE

Cartofii se curata si se taie in felii egale si se calesc la foc mediu, ca sa nu se rupa, pana devin moi.

Scoateți capetele și părțile laterale ale fasolei. Tăiați-le în bucăți obișnuite și fierbeți în multă apă clocotită până când se înmoaie. Reîmprospătați cu apă rece sau gheață.

Pune cartofii, rosiile taiate in optimi, fasolea intr-un castron de salata si pune deasupra maslinele si ansoa.

Faceți o vinegretă amestecând uleiul cu oțetul, muștarul, sare și puțin zahăr. Se prăjește deasupra

AROMĂ

Poți înlocui anșoa cu sardine bune conservate.

SALATA DE PUI CU STRUGURI ȘI VINIGRETĂ DE CIDRU

Materii prime

1 **piept de pui**

80 g **brânză albastră**

4 **linguri de suc natural de mere**

10 **prune**

3 **mere taiate cubulete**

3 **portocale**

1 **salata lollo rosso**

12 **linguri de ulei de măsline**

1 **lingura otet**

Sare si piper

EXPLOZIE

Curățați, sterilizați și tăiați salata verde în bucăți medii și păstrați-le în apă cu gheață.

Gatiti pieptul de pui timp de 15 minute. Proaspătă, răcită și tăiată fâșii.

Curatam portocalele si scoatem feliile, evitand sa le acopere pielea. Curățați și tăiați merele în felii.

Faceți o vinegretă cu ulei, oțet, cidru, sare și piper.

Se pune salata pe masa, se pun deasupra merele, puiul si portocalele, apoi se zdrobeste branza albastra si se adauga prunele. Asezonați cu vinaigretă.

AROMĂ

Dacă adaugi niște calmari prăjiți, obții o salată completă care poate fi consumată ca fel de mâncare separat.

SALATA DE CARACATĂ, CREVEȚI ȘI AVOCAD

Materii prime

1 **pulpe de caracatiță**

12 **creveți fierți și curățați**

1 **avocado copt**

1 **rosie**

½ **ceapă primăvară**

1 **lămâie**

coriandru proaspăt

Ulei de măsline extra virgin

Sare

EXPLOZIE

Fierbe apa cu sare intr-o oala. Sperie piciorul de caracatiță de 3 ori și apoi scufundă-l complet. Reduceți focul și gătiți aproximativ 40-45 de minute. Treceți prin apă rece, clătiți și uscați. Tăiați piciorul în felii și asezonați.

Curățați avocado de coajă, îndepărtați sâmburele și tăiați-l în cuburi mari. Tăiați ceapa primăvară în fâșii julienne foarte subțiri. Scoateți semințele de pe roșii și tăiați-le în cuburi mici. Tăiați creveții în jumătate și tăiați mărunt împreună cu o mână de coriandru.

Se amestecă toate ingredientele și se condimentează cu suc de lămâie, sare și ulei de măsline după gust.

AROMĂ

A speria o caracatiță înseamnă a o scufunda de trei ori în apă clocotită pentru a o face moale.

SALATA DE RUCULA CU Afumat, SOS ROZ SI NUCI

Materii prime

150 g de rucola pura

125 g păstrăv afumat

100 g cod afumat

100 g de somon afumat

75 g sos roz (vezi sectiunea bulion si sosuri)

25 g de hamsii

20 g de nuci tocate

1 ou fiert tare

EXPLOZIE

Tăiați toate ingredientele în fâșii fine. Se amesteca cu rucola, nuca tocata si sosul roz. Se taie si se orneaza cu oul fiert tare tocat.

AROMĂ

Puteți folosi orice salată sau varză vă place mai mult, cum ar fi salată de miel, salată romană, frunze de stejar etc.

SALATA DE PASTE CU BRÂNZĂ FETA ȘI MENTĂ

Materii prime

500 **g de paste**

250 **g branza feta**

½ **legătură de mentă proaspătă**

3 **roșii coapte**

parmezan

Măsline negre sâmburiate

Reducere de oțet de Modena

Ulei de masline

EXPLOZIE

Fierbe pastele în multă apă clocotită cu sare și când sunt gata, se scurg și se răcesc.

Se toacă mărunt menta, se rade roșiile cu parmezan și se taie brânza feta cubulețe.

Amesteca pastele cu toate ingredientele, asezoneaza cu ulei si reducere de otet balsamic.

AROMĂ

Dacă doriți, adăugați niște roșii italiene uscate la soare udate.

SALATA DE CREVETI, HAMSOI SI RODIE

Materii prime

500 **g de cartofi**

250 **g de creveți decojiți**

200 **g morcovi**

1 **conserve mică de mazăre fiartă**

1 **conserve de ardei piquillo**

10 **măsline verzi fără sâmburi**

10 **hamsii**

4 **castraveți murați**

2 **oua fierte**

1 **grenadă**

maioneză

EXPLOZIE

Curățați și tăiați cartofii și morcovii cubulețe mici și gătiți-i în apă cu sare diferită până se înmoaie.

Gătiți creveții timp de 1 minut, strecurați și împrospătați. Întoarceți grenada.

Tocați mărunt hamșa, creveții, măslinele, ouăle, castraveții și ardeii piquillo. Se amestecă cu restul ingredientelor și se condimentează cu sare. Se imbraca cu maioneza dupa gust, se amesteca si se da la frigider pana la servire.

AROMĂ

Se poate condimenta cu maioneză zdrobită împreună cu 1 **lingură de chimen măcinat.**

SALATA DE RUCULA CU SLANCA, BRRANZA ALBASTRA SI NUCI

Materii prime

1 **pungă de rucola proaspătă**

150 **g brânză albastră**

75 **g nuci**

8 **felii de bacon afumat**

smochine

Oțet

Ulei de masline

Sare

EXPLOZIE

Tăiați slănina fâșii subțiri și prăjiți-o într-o tigaie. Scoateți și comandați. Tăiați smochinele în jumătate și rumeniți-le (doar pe partea de carne) în aceeași tigaie.

Tăiați brânza în cuburi și nucile în bucăți mici.

Se asambleaza salata cu rucola, bacon, smochine calde si nuca si se imbraca cu o vinegreta de ulei, otet si sare.

AROMĂ

Puteți încerca diferite tipuri de oțet din piață.

SALATA DE SOMON Afumat, CREVETI, CARTOF SI CARTOFI VERZI

Materii prime

350 **g somon afumat**

250 **g cartofi**

200 **g de creveți decojiți**

100 **g parmezan**

1 **grenadă**

½ **andive**

100 **ml ulei de măsline**

EXPLOZIE

Fierbeți cartofii timp de 20 de minute sau până când sunt moi. Curățați, feliați și depozitați.

Tăiați o rodie în jumătate și scoateți semințele. Scoateți fulgii de parmezan cu un curățător.

Gatiti crevetii in apa clocotita cu sare timp de 1 min. Scoateți și împrospătați.

Spălați și sterilizați scarola și tăiați-o în bucăți de dimensiuni medii.

Asamblați salata cu baza de scarole, cartofi deasupra, somon, creveți, rodie și brânză.

Se condimentează cu ulei, oțet, sare și piper.

AROMĂ

Pentru a curăța mai ușor rodia, tăiați-o în jumătate pe orizontală, puneți partea tăiată deasupra mâinii și bateți exteriorul cu o lingură.

SALATA GALBENĂ CU SARDINE CONSERVE

Materii prime

150 g de conserve de sardine

1 lingura coriandru proaspat tocat

4 morcovi

Suc de 1 lămâie

Ulei de masline

Sare si piper

EXPLOZIE

Curățați morcovii și îndepărtați feliile subțiri. Pune-le intr-un bol impreuna cu zeama de lamaie, ulei, sare, piper si coriandru. Elimina.

Se imbraca sardinele cu salata de morcovi.

AROMĂ

Această salată este grozavă pentru a schimba sucul de lămâie cu sucul de portocale.

SALATA WALDORF

Materii prime

200 **g telina**

80 **ml de smântână**

2 **linguri de nuci decojite**

2 **linguri de maioneza**

1 **lingura miere**

1 **măr**

1 **para**

1 **lămâie**

Coaja rasă de ½ **lămâie**

Pătrunjel

EXPLOZIE

Amesteca intr-un castron mierea, coaja de lamaie, smantana si maioneza. Scoateți și lăsați să se răcească.

Se curata, se curata si se toaca marunt telina. Stropiți peste el suc de lămâie.

Spălați mărul și perele și tăiați-le în felii subțiri. Adăugați fructele în țelină împreună cu lămâia ca să nu se oxideze.

Se toaca nuca si patrunjelul si se amesteca cu fructele si telina. Se ornează cu dressingul cu miere.

AROMĂ

Puteți adăuga și niște mărar proaspăt.

SALATA DE CARTOFI CU CREVETI SI LEGUME

Materii prime

500 **g de cartofi**

300 **g de creveți decojiți**

3 **ardei piquillo**

1 **grenadă**

2 **dl maioneză**

Sare

EXPLOZIE

Curățați și tăiați cartofii în bucăți mici. Gătiți, împrospătați și lăsați să se răcească.

Gatiti crevetii in apa clocotita timp de 1 **min. Reîmprospătați și lăsați să se răcească**

Tăiați ardeiul piquillo fâșii și decojiți rodia.

Amesteca totul, adauga sare si sos la maioneza. Amesteca din nou si da la frigider pana la servire.

AROMĂ

Pentru a da salatei o notă proaspătă, puteți adăuga maionezei câteva frunze de mentă zdrobite.

SALATA CESAR

Materii prime
2 **file de pui**
100 **g maioneza**
70 **g parmezan ras**
4 **hamsii**
1 **catel de usturoi**
1 **salata romana**
Pâine
Ou şi pesmet (pentru acoperire)
Ulei de masline
Slănină

EXPLOZIE

Amestecaţi şi zdrobiţi maioneza, parmezanul ras, anşoa şi usturoiul ras. Păstraţi la frigider (greutatea sosului poate fi ajustată după gust).

Tăiaţi fileurile de pui cu ou bătut şi pesmet. Se prăjeşte, se taie fâşii şi se păstrează. Tăiaţi pâinea în pătrate şi prăjiţi sau coaceţi până devine aurie. Necesar. Se prajeste baconul taiat fasii. Necesar.

Pune varza in fundul unui bol si pune deasupra fasii de pui, crutoane, sos, branza rasa si bacon.

AROMĂ

Îi poți da o notă dulce adăugând curmale sau mere.

ARDEI DE MURCIA

Materii prime

2 rosii

2 catei de usturoi

3 linguri de otet

1 ardei verde italian mare

1 ceapă

1 castravete

9 linguri de ulei de măsline

Sare

EXPLOZIE

Se spala rosiile, ardeii si se curata de coaja castravetele, usturoiul si ceapa. Tăiați totul în bucăți de dimensiuni medii.

Faceți o vinegretă amestecând uleiul, oțetul și sarea. Se imbraca salata cu vinegreta si se amesteca. Se serveste foarte rece.

AROMĂ

Dacă ceapa este foarte picantă, tăiați-o și puneți-o în apă cu gheață timp de 2 ore. Îți vei pierde mâncărimea.

SALATA DE RUCULA CU MANGO, PUI SI FISTICO

Materii prime

250 g de rucola pura

30 g fistic

4 sparanghel verde

2 piept de pui

2 mango

Oțet

Ulei de masline

Sare si piper

EXPLOZIE

Scoateți fâșiile fine din sparanghel cu ajutorul unui curățător.

Gătiți piepții timp de 5 minute, lăsați să se răcească și tăiați fâșii.

Curățați și tăiați mango cubulețe mici și prăjiți ușor sparanghelul.

Se amestecă rucola, mango, fâșii de pui și fâșii de sparanghel și fistic.

Se condimentează cu o vinaigretă de ulei, oțet, sare și piper.

AROMĂ

Proporțiile vinaigretelor sunt de obicei 3 părți ulei la 1 parte oțet, sare și piper.

SUPA JULIANNE

Materii prime

250 g **varză**

250 g **de praz**

100 g **morcovi**

75 g **sfeclă**

50 g **unt**

1 ½ l **de bulion alb de pui**

1 **crenguță de țelină**

Sare

EXPLOZIE

Se curata, se taie legumele fasii julienne si se prajesc incet in unt si cu recipientul inchis 20 min.

Se toarnă bulionul, se fierbe încă 5 minute și se condimentează cu sare.

AROMĂ

Adăugați pâine prăjită și puțin sos pesto.

Usturoiul ALB DE MALAGA

Materii prime

250 g pesmet (înmuiat în apă rece)

100 g migdale crude

3 catei de usturoi

Oțet

2 dl ulei de măsline

Sare

EXPLOZIE

Se zdrobesc foarte bine migdalele cu putina apa rece. Adăugați pâinea înmuiată și amestecați din nou bine. Se toarnă uleiul în timp ce se amestecă în continuare.

Se toarnă aproximativ 1 ½ l de apă până se obține textura dorită. Treceți printr-o sită sau strecurătoare chinezească și asezonați cu oțet și sare.

AROMĂ

Migdalele pot fi înlocuite cu alte fructe uscate. Urmați cu fâșii de somon afumat și struguri.

SUPA DE ARDEI ROSIU PRAJIT

Materii prime

1 **kg de ardei roșu**

1 **litru de bulion de pui**

200 **ml de smântână**

4 **catei de usturoi**

2 **cartofi mari**

2 **praz**

Ulei de masline

Sare si piper

EXPLOZIE

Unge ardeiul cu ulei si inveleste usturoiul cu folie de aluminiu. Se prăjește la 160 °C timp de 1 oră. Lăsați-i să transpire și să se decojească.

Curățați, tocați și prăjiți prazul încet spre final timp de 20 de minute. Adăugați boia și usturoiul.

Adăugați cartofii curățați și tăiați. Se face baie cu bulionul si se lasa sa fiarba la foc mic 30 min. Se toarnă smântâna și se fierbe încă 5 minute. Se amestecă, se strecoară și se condimentează cu sare și piper.

AROMĂ

A transpira un ardei înseamnă a-l acoperi cu o cârpă, folie alimentară, folie argintie etc., astfel încât aburul pe care îl generează face pielea să se desprindă cu ușurință, făcând mult mai ușor de decojit.

CRAB BISK

Materii prime

500 g roșii coapte

500 g de raci

100 g unt

100 g ceapă

100 g morcovi

100 g de praz

75 g orez

1 l supa de peste

2 dl vin alb

1 dl rachiu

1 lingurita de boia iute

1 crenguță de cimbru

Sare si piper

EXPLOZIE

Prăjiți legumele tăiate în bucăți mici în unt. Adăugați boia și prăjiți.

Se prăjește crabii separat și se flambează cu țuică. Păstrați coada și măcinați carcasele cu abur. Cerneți de 2 sau 3 ori până nu mai rămâne coajă.

Adăugați bulionul, vinul, roșiile feliate și cimbru în oala cu legumele. Adăugați orezul, gătiți timp de 40 de minute și amestecați.

AROMĂ

Crabul poate fi înlocuit cu orice crustacee, atâta timp cât nu este decojit tare. Este o crema delicioasa.

CONSOMME DE PUI CU MERE

Materii prime

4 **carcase de pui**

2 **batoane de telina**

2 **mere**

1 **morcov**

1 **ceapa primavara**

1 **praz**

1 **rosie**

Sare

EXPLOZIE

Gatiti carcasa de pui, telina, morcovul, ceapa primavara, prazul si rosiile timp de 2 ore in apa rece. Se strecoară, se lasă să se răcească și se îngrașă. Necesar.

Se curăță, se toacă mărunt și se fierbe mărul în bulionul rezervat timp de 20 min.

Se strecoară și se adaugă sare.

AROMĂ

Pentru un bulion limpede, gătiți întotdeauna încet. Apoi congelați. Scurgeți într-o sită și chineză foarte fină și adăugați 3 foi de gelatină.

COMUNICARE ANTEQUERA

Materii prime

1 **kg de roșii**

500 **g pâine**

100 **g ton în fulgi**

2 **catei de usturoi**

1 **ardei rosu**

Oțet

100 **ml ulei de măsline**

Sare

EXPLOZIE

Tăiați roșiile, ardeii, pâinea și usturoiul în bucăți de mărime medie. Se amestecă totul, mai puțin uleiul și oțetul.

Trecem prin chinezesc si adaugam uleiul putin cate putin si fara a opri baterea. Se condimentează cu sare și oțet.

Farfurie si adauga tonul deasupra.

AROMĂ

Este foarte asemănător cu salmorejo, dar cu o textură mult mai densă.

crema SAINT-GERMAIN

Materii prime

500 **g de cartofi**

500 **g fasole curată**

90 **g unt**

1 ½ **l supa de pui**

1 **praz mare**

100 **ml lapte**

Sare

EXPLOZIE

Curățați și tăiați prazul fâșii julienne. Se prăjește încet spre final timp de 15 minute. Adăugați cartofii, curățați și tăiați, și bulionul. Gatiti inca 15 minute.

Adăugați fasolea și gătiți încă 15 minute. Se zdrobește, se cerne și se toarnă laptele. Gatiti inca 5 minute si asezonati cu sare.

AROMĂ

Înainte de zdrobire, adăugați 6 frunze de mentă. Delicios.

CREVETI SI SUUPA DE CREVETI

Materii prime

250 g scoici

150 g de creveți

150 g taitei

1 l supa de peste

1 pahar de vin alb

3 catei de usturoi

1 frunză de dafin

1 ardei iute

boia dulce

Pătrunjel

Ulei de masline

Sare

EXPLOZIE

Tăiați mărunt usturoiul și prăjiți împreună cu ardei iute. Adăugați boia și prăjiți 5 secunde. Se adauga vinul alb si se lasa sa se reduca aproape complet. Adăugați icrele.

Adăugați tăițeii. Cu un minut înainte de a da de pe foc, pentru ca tăițeii să devină moi, adăugați scoicile curate și creveții decojiți. Se presara patrunjel tocat.

AROMĂ

Scoicile se curata bine timp de 2 ore in apa rece cu multa sare pentru a indeparta murdaria si nisipul.

CREMĂ DE BUCĂTARE CASTILANĂ

Materii prime

375 g de cartofi

125 g naut

125 g de praz

125 g roșii

2 litri supa de pui

1 litru de lapte

Sare si piper

EXPLOZIE

Spălați năutul și puneți-l la înmuiat în apă caldă cu 12 ore înainte.

Se încălzește cu bulionul și se adaugă năutul. Gatiti pana se inmoaie.

Adăugați prazul, roșiile și cartofii. Se toarnă laptele și se fierbe timp de 30 de minute. Se macină, se cerne și se potrivește sare și piper.

AROMĂ

Se poate face cu orice leguminoasă. Crema este la fel de delicioasă.

CIORBA DE PESTE

Materii prime

200 g de monkfish

200 g de iluminare

200 g de creveți

50 g de orez

1 ½ l de bulion de pește (vezi secțiunea bulion și sosuri)

1 ardei verde

1 ardei rosu

1 rosie

1 ceapă

Ulei de masline

Sare si piper

EXPLOZIE

Tăiați ceapa și ardeiul în bucăți foarte mici și prăjiți ușor timp de 15 minute.

Se mărește focul și se adaugă roșiile rase. Gatiti pana isi pierde toata apa.

Adăugați orezul și bulionul și gătiți timp de 16 minute. Adăugați piesele de iluminat și sigiliul skate tăiat în cuburi medii. Se condimenteaza cu sare si piper si se adauga crevetii curatati. Se prăjește încă 2 minute și se servește.

AROMĂ

Adăugați 100 g de fenicul în sos. Îi conferă o aromă minunată de anason.

CREMA DE AFIR

Materii prime

1 **kg de cartofi**

200 **g cod desalinizat**

100 **ml vin alb**

3 **praz mediu**

2 **morcovi**

1 **frunză de dafin**

1 **ceapă mare**

Ulei de masline

Sare si piper

EXPLOZIE

Tăiați ceapa fâșii julienne și feliați subțiri prazul curat. Se fierbe usor aproximativ 20 de minute cu capacul pe oala.

Intre timp, codul se pune la fiert in 1 l de apa rece timp de 5 min. Rezervând apa de gătit, scoateți codul, zdrobiți și îndepărtați oasele.

Tăiați cartofii și morcovii în bucăți medii și adăugați în oală când prazul este fiert. Prăjiți puțin cartofii, măriți focul și adăugați vinul alb. Lasă-l să scadă.

Spălați bulionul cu apa de cod rezervată, adăugați foaia de dafin și fierbeți până când cartofii și morcovii sunt moi. Adăugați codul și gătiți încă 1 minut. Scoateți frunza de dafin, zdrobiți și cerneți. Ajustați sare și piper.

AROMĂ

Codul poate fi înlocuit cu iluminatul. Adăugați 1 lingură de boia dulce înainte de a turna bulionul.

SUPA DE BROCCOLI CU SUNNICA LA GRAR

Materii prime

150 **g bacon**

1 **litru de bulion de pui**

125 **ml crema**

2 **tulpini de broccoli**

2 **praz curat**

2 **cartofi mari**

Ulei de masline

Sare si piper

EXPLOZIE

Se curata, se toaca marunt si se prajeste prazul la foc mic si se acopera 20 min. Adăugați buchețelele de broccoli curățate și tăiate și prăjiți încă 5 minute.

Adăugați cartofii curățați și tăiați. Se spala cu bulionul si se fierbe incet 20 min. Se toarnă smântâna și se mai fierbe încă 10 minute. Se amestecă, se strecoară și se condimentează cu sare și piper.

Se rumeneste baconul separat intr-o tigaie si se intinde deasupra crema.

AROMĂ

Pentru ca broccoli să nu mirosească atât de puternic, adăugați 2 linguri de oțet în timp ce gătiți.

GAZPACHO MANCHEGO

Materii prime

300 **g pesmet**

2 **linguri de otet**

1 **lingura patrunjel proaspat**

1 **ou fiert**

1 **catel de usturoi**

1 **ceapa primavara**

¾ **dl ulei de măsline**

Sare

EXPLOZIE

Se amestecă pesmetul, ceapa primăvară, oul fiert, usturoiul și pătrunjelul cu ulei și oțet.

Se strecoară și se adaugă sare. Adăugați puțină apă dacă este necesar.

AROMĂ

În mod ideal, faceți acest gazpacho cu un mojar și pistil până devine o pastă, apoi adăugați lichidul.

Crema de dovlecel

Materii prime
1 kg dovlecel
1 litru de bulion de pui
2 praz curat
2 cartofi mari
Ulei de masline
Sare si piper

EXPLOZIE

Se curata, se toaca marunt si se prajeste prazul la foc mic si se acopera 20 min. Adăugați dovlecelul curățat și tăiat felii. Se prăjește încă 5 minute.

Adăugați cartofii curățați și tăiați. Se face baie cu bulion. Gatiti la foc mic timp de 30 de minute. Se amestecă, se strecoară și se condimentează cu sare și piper.

AROMĂ

Pentru o textură netedă, adăugați 1 brânză per oaspete când măcinați.

SUPA CASTELIANA

Materii prime

100 g șuncă serrano

150 g pâine

1 ½ l supa de carne (sau pui)

1 lingura boia

5 catei de usturoi

6 ouă

Ulei de masline

Sare

EXPLOZIE

Prăjiți încet usturoiul, tăiat bucățele, fără să-l colorați, împreună cu șunca tăiată fâșii julienne.

Adăugați pâinea feliată și amestecați timp de 5 minute. Se ia de pe foc si se adauga boia de ardei. Amesteca repede ca sa nu se arda.

Se pune din nou pe foc si se inmoaie cu bulion. Gatiti 5 minute, asezonati cu sare si adaugati ouale.

AROMĂ

O modalitate excelentă de a folosi stocul rămas este să-l folosești ca bulion pentru această supă.

ULEI DE DOVLEAC

Materii prime

500 g de dovleac decojit

1 litru de bulion de pui

3 morcovi

2 cartofi curatati de coaja

1 roșie mare

1 praz mare

1 catel de usturoi

1 ceapă

Sare si piper

EXPLOZIE

Spălați legumele și tăiați-le mărunt. Prăjiți dovleacul, morcovii, prazul, usturoiul și ceapa la foc mediu timp de 30 de minute.

Adăugați roșiile tăiate sferturi și cartofii curățați și tăiați cubulețe.

Se toarnă bulionul și se fierbe timp de 45 de minute la foc mediu. Se amestecă, se strecoară și se condimentează cu sare și piper.

AROMĂ

Serviți cu câteva cuburi de jeleu de portocale. Minunat.

SUPA DE SPARANGEL VERZI CU SOMON Afumat

Materii prime

250 ml supa de pui

100dl de smântână

4 felii de somon afumat

3 legături de sparanghel verde

2 praz

2 cartofi

½ telina

Ulei

Sare si piper

EXPLOZIE

Curățați sparanghelul, prazul, țelina și tăiați în bucăți mici. Se prăjește ușor timp de 25 de minute.

Adăugați cartofii curățați și tăiați. Apa cu supa si smantana. Gatiti 25 min. Se amestecă, se strecoară și se condimentează cu sare și piper.

Urmați somonul afumat tăiat fâșii.

AROMĂ

Aceasta crema poate fi luata calda sau rece.

SUPA DE SPINAC CONSERVA

Materii prime

- 1 kg de spanac
- 1 litru de bulion de pui
- 1 pahar de vermut uscat
- 2 cartofi mari
- 2 praz
- 1 conserve de jeleu
- 1 foaie de gelatină
- Ulei de masline
- Sare si piper

EXPLOZIE

Curățați, tocați și prăjiți prazul încet timp de 20 de minute. Se adauga spanacul curatat si tocat si se prajeste inca 5 minute.

Adăugați cartofii curățați și tăiați. Se inmoaie cu vermut si se lasa sa se reduca complet. Se face baie cu bulionul si se lasa sa fiarba la foc mic 30 min. Se amestecă, se strecoară și se condimentează cu sare și piper. Necesar.

Scoateți măruntaiele din cutie și rezervați-le lichidul. Se încălzește ușor lichidul.

Adăugați gelatina înmuiată anterior în apă rece în bulionul fierbinte de cocktail și amestecați până se topește. Se tine la rece pe o tava pentru a ajunge la ½ cm grosime.

Tăiați gelatina în cercuri mici. Serviți crema caldă de spanac și puneți kokullurile deasupra și deasupra acestei gelatine.

AROMĂ

Savoarea jeleului este sporită prin topirea ușor a gelatinei.

GAZPACHO ANDALUZ

Materii prime

1 **kg de roșii**

250 **g ardei verzi**

250 **g castraveți**

1 **catel de usturoi**

½ **ceapă**

Oțet

2 **dl ulei de măsline**

Sare

EXPLOZIE

Spălați bine legumele și tăiați-le în bucăți de mărime medie.

Se amestecă bine toate ingredientele, cu excepția oțetului și uleiului, până se omogenizează. Se strecoară printr-un chinezesc și se adaugă uleiul fără a înceta să bată. Adăugați oțet după gust.

AROMĂ

Puteți adăuga 100 g pâine, 1 pahar de apă și aproximativ 8 semințe de chimen la măcinare.

CIORBA DE FASOLE VERZI SI ARDEI CU SARE SUNCA

Materii prime

450 **g fasole verde**

250 **g de cartofi**

100 **g de șuncă serrano feliată**

1 **litru de bulion de pui**

1 **lingura boia**

1 **os de șuncă**

1 **praz**

Ulei de masline

Sare si piper

EXPLOZIE

Scoateți capetele și firele laterale din fasole și tăiați-le în bucăți mici. Tăiați prazul în felii.

Pune prazul și fasolea încet timp de 25 de minute. Adăugați cartofi curați, curățați și tăiați în sferturi. Se adauga boia de ardei, se prajeste 5 secunde si se acopera cu supa. Adăugați osul de șuncă și gătiți timp de 30 de minute.

Scoateți osul, pisați, cerneți și asezonați cu sare și piper (ar trebui să fie ușor albastru).

Puneți șunca serrano la microunde pe hârtie de bucătărie timp de 2 minute. Se lasă să se usuce din cuptorul cu microunde și se trece prin mojar până obții o textură sărată. Se pune crema pe masa cu sarea sunca deasupra.

AROMĂ

Este perfectă atât pentru vară, cât și pentru iarnă, deoarece poate fi luată caldă sau rece.

CREMA DE PEPENI CU SUNCA SI CARTOF

Materii prime

500 g supă de pui

125 g smântână

1 iaurt simplu (optional)

1 ceapă mare

1 pepene galben

şuncă curată

Ulei de masline

Sare si piper

EXPLOZIE

Prăjiţi ceapa tăiată fâşii julienne fără a o lăsa să se coloreze. Se toarnă bulionul şi se adaugă pepenele galben tăiat, fără seminţe şi curăţat de coajă. Gatiti 25 min.

Se amestecă cu iaurtul şi smântâna. Se strecoară şi se lasă să se răcească. Se pune sare si piper. Se decorează blatul cu şuncă tocată.

AROMĂ

Se poate face si cu pepene verde si cu diferite tipuri de pepene galben pentru a obtine o aroma diferita.

SUPA DE CARTOFI CU CHORIZO

Materii prime

2 **cartofi mari**

1 **lingurita boia**

1 **lingurita pulpa de ardei choricero (sau ñora)**

2 **catei de usturoi**

1 **chorizo asturian**

1 **ardei verde**

1 **frunză de dafin**

1 **ceapă**

Ulei de masline

Sare

EXPLOZIE

Se prajesc usturoiul tocat in putin ulei timp de 2 minute. Adaugati ceapa si ardeiul taiate fasii subtiri. Fierbeti 20 de minute la foc mediu si apoi adaugati pulpa de chorizo.

Adăugați chorizo tocat și prăjiți timp de 5 minute. Adaugati cartofii curatati si cachelada si gatiti 10 minute, amestecand continuu. La sare.

Se adauga boia de ardei si se acopera cu apa. Gatiti incet cu frunza de dafin pana cartofii sunt gata. Scoateți frunza de dafin, zdrobiți și cerneți.

AROMĂ

Este o cremă perfectă pentru a folosi niște resturi de cartofi riojani.

CONFERINTA CREMA DE PERE SI CARTOFI

Materii prime

225 **g de praz**

125 **g cartofi**

1 **l bulion de legume**

2 **linguri de unt**

2 **pere fara coaja**

12 **fire de șofran**

sare si piper negru

EXPLOZIE

Prăjiți prazul curățat și tăiat și cartofii tăiați felii încet în unt.

Cand legumele sunt gata se adauga perele, bulionul si sofranul prajit. Gatiti 20 de minute, amestecati si strecurati. Se poate servi cald sau rece.

AROMĂ

Cu aceasta crema puteti adauga cateva cuburi de orice branza.

SUNET DE FINISARE

Materii prime

500 g praz alb

500 g de cartofi

150 g smantana

100 g unt

1 ½ supa de pui

sare si piper alb

EXPLOZIE

Curățați și tăiați prazul fâșii julienne. Gatiti usor acoperit cu unt. Adăugați cartofii, curățați și tăiați bucăți și turnați bulionul. Gatiti pana se inmoaie.

Se amestecă și se fierbe din nou timp de 5 minute la foc mic împreună cu smântâna. Ajustați sare și piper.

AROMĂ

Vichyssoise este o crema rece de praz. Poate fi însoțit de mai multe icre de păstrăv.

CIORBA DE ciuperci si parmezan palid

Materii prime

1 kg de ciuperci

½ l supa de pui

¼ litru de smântână

1 ceapă

1 praz (partea alba)

4 catei de usturoi

Pătrunjel tocat

fulgi de parmezan

Ulei de masline

Sare si piper

EXPLOZIE

Prăjiți ușor ceapa, prazul și usturoiul tăiate în bucăți mici. Ridicați focul, adăugați ciupercile curățate tăiate fâșii julienne și continuați să prăjiți.

Se toarnă bulionul și se condimentează cu sare și piper. Se amestecă, se strecoară și se fierbe cu smântâna încă 5 minute.

Se serveste cu patrunjel tocat si fulgi de parmezan.

AROMĂ

Uscați câteva felii de șuncă Serrano la cuptorul cu microunde, transformați-le într-o pudră și adăugați deasupra.

SUPĂ DE ROȘII

Materii prime

1 **kg de roșii coapte**

½ **l supa de pui**

125 **ml de smântână lichidă**

125 **ml vin alb**

2 **catei de usturoi**

2 **cepe de primăvară**

Zahăr

Ulei de masline

Sare

EXPLOZIE

Prăjiți încet arpagicul și usturoiul tocat mărunt până se înmoaie.

Se adauga si rosiile tocate in bucatele mici si se prajesc 10 min. Se adauga vinul si se lasa sa se reduca aproape complet.

Se face baie cu bulion si se fierbe 25 de minute la foc mediu. Sare si zahar macinat, filtrat si ajustat. Se decorează cu smântâna lichidă.

AROMĂ

Urmați cu migdale tăiate felii și câteva frunze de busuioc proaspăt.

CREMA RECE DE PEPENI

Materii prime

½ **pepene galben curatat si fara samburi**

250 **ml supa de pui**

200 **ml de smântână**

1 **praz**

1 **iaurt natural**

șuncă Serrano

Ulei de masline

Sare si piper

EXPLOZIE

Curățați și tocați prazul. Se prăjește încet spre final timp de 15 minute.

Adăugați pepenele, bulionul și smântâna. Gatiti 5 minute si lasati sa se raceasca. Se adaugă iaurtul, se amestecă, se condimentează și se strecoară.

Adăugați bucăți de șuncă serrano la această cremă.

AROMĂ

Pentru a da prospețime acestei creme, adăugați câteva frunze de mentă în timp ce măcinați.

CREMA DE Sfecla

Materii prime

300 g de sfeclă roșie fiartă

75 g unt

½ l supa de pui

2 praz

1 bulb de fenicul

1 baton de telina

1 ceapă

1 morcov

Cimbrul

Cremă

Sare

EXPLOZIE

Curățați, curățați și tăiați mărunt ceapa, prazul, țelina, feniculul și morcovul. Se prajesc in unt 2 minute la foc mic.

Se umezește cu bulionul, se adaugă cimbru și se mai fierbe încă 15 minute. Adăugați sfecla roșie și gătiți încă 5 minute. Se zdrobește, se cerne și se asezonează cu sare.

AROMĂ

Aceasta crema se poate consuma calda sau rece.

crema PARMENTIER

Materii prime

375 **g de praz**

750 **g cartofi**

75 **g unt**

750 **ml bulion de pui**

250 **ml lapte**

sare si piper alb

EXPLOZIE

Tăiați prazul în felii subțiri și fierbeți acoperit și încet în unt timp de 20 de minute.

Se adauga cartofii taiati bucatele si se toarna bulionul. Gatiti aproximativ 30 de minute sau pana cand cartofii sunt moi.

Se amestecă și se reîncălzi încet încă 5 minute împreună cu laptele. Cerne si asezoneaza cu sare si piper.

AROMĂ

Folosește cartofi violet pentru această cremă. Este o culoare minunată și apetisantă.

crema de scoici

Materii prime

500 g scoici

100 g bacon

10g faina

3 dl lapte

1½ dl de smântână

2 rosii

2 cartofi medii

1 baton de telina

1 ceapa primavara mica

1½ dl ulei de măsline

Sare si piper

EXPLOZIE

Scoicile se curata in apa rece cu multa sare timp de 2 ore.

Deschideți scoicile într-o oală cu puțină apă și sare. Odată deschis, păstrați apa de gătit și carnea de la scoici.

Rumeniți baconul într-o tigaie până devine crocant. Trage înapoi și comandă. În același ulei, prăjiți ușor ceapa primăvară tăiată în bucăți mici și țelina, curată și fără fire și tăiată în bucăți de mărime medie.

Adăugați făina și gătiți timp de 3 minute fără a opri să amestecați. Adăugați laptele, apa folosită la gătirea scoicilor și smântâna. Amestecați și adăugați cartofii tăiați în bucăți medii. Se fierbe încet până când cartofii sunt fierți. Se condimenteaza cu sare si piper si se adauga cateva rosii taiate cubulete fara coaja sau seminte si carnea de la scoici.

AROMĂ

Se poate face cu scoici conservate si se foloseste bulionul din conserva.

MOLCI CU SUNCA SI NISCALOS

Materii prime

500 **g de melci**

500 **g chanterelles**

200 **g sunca serrano taiata cubulete**

200 **ml sos de rosii**

1 **pahar de vin alb**

1 **lingura pulpa de ardei choricero**

1 **lingurita patrunjel proaspat tocat**

1 **frunză de dafin**

2 **catei de usturoi**

1 **ceapa primavara**

1 **cayenne**

EXPLOZIE

Curățați melcii cu apă rece și sare până când nu mai verse mucus.

Pune-le in apa rece cu sare si numara 8 minute de cand incep sa fiarba.

Tăiați mărunt ceapa primăvară și usturoiul. Se prajesc la foc mic impreuna cu sunca. Adaugam cantarilele tocate si prajim la foc mare 2 minute.

Se spală cu vinul și se lasă să se reducă. Adăugați pulpa de ardei chorizo, roșiile și chilli. La final se adauga melcii si dafinul si se lasa la fiert aproximativ 10 minute. Terminați cu pătrunjel tocat.

AROMĂ

Nu este necesar să adăugați sare în niciun moment, deoarece melcii au o aromă puternică, iar șunca este deja sărată.

Chifurile gravide

Materii prime

500 g de făină tare

75 g unt

25 g drojdie presată

2 cârnați

1 ou intreg

1 galbenus de ou

1 lingurita de zahar

Sare

EXPLOZIE

Faceți un vulcan cu făină cernută. La mijloc se adauga untul inmuiat, oul, zaharul, drojdia, 1 pahar de apa calduta si sarea.

Se framanta pana se obtine o masa omogena. Se lasă la fermentat 40 de minute lângă o sursă de căldură.

Formați bile de mărime medie și puneți bucăți de chorizo înăuntru. Închideți ermetic, vopsiți cu gălbenuș de ou și coaceți la 210 ºC timp de 15 min.

AROMĂ

Pentru a face aluatul mai repede, îl puteți depozita într-o oală de lut cu apă și îl puteți coace la 50 ºC timp de 30 de minute. Trebuie acoperit bine.

Bomboane FOIE cu CEPA caramelizata

Materii prime
4 **foi de aluat de caramida**
8 **cuburi mici de foie**
2 **linguri de unt**
Ceapa caramelizata (vezi sectiunea legume)
Sare si piper

EXPLOZIE

Tăiați foile de cărămidă în 16 **dreptunghiuri. Ungeți-le pe fiecare cu unt topit și asamblați-le punând peste ele restul straturilor.**

Pune peste ele foie condimentat si inchide sub forma de caramel. Ungeți din nou cu ou și coaceți la 200 º**C până când devin ușor aurii la exterior. Urma cu ceapa caramelizata.**

AROMĂ

În loc să le coaceți, le puteți prăji, dar aveți grijă pentru că **pasta de cărămidă nu trebuie să se rumenească prea mult.**

ANJOVÍ BUCAT CU MĂSLINE ȘI PATE DE MARAR

Materii prime

250 g **faina**

25 g **nuci**

15 g **drojdie proaspata**

125 ml **apă caldă**

12 **conserve de hamsii**

1 **conserva mica de masline rase**

1 **lingurita marar**

1 **catel de usturoi**

125 ml **ulei de măsline**

EXPLOZIE

Cerneți făina într-un bol. Se dizolvă drojdia separat în apă caldă.

Faceți un vulcan cu făina și turnați uleiul și apa împreună cu drojdia dizolvată. Se framanta pana nu se lipeste de maini (daca este nevoie mai adauga faina). Se lasa acoperit 30 min.

Între timp, zdrobesc măslinele cu cățelul de usturoi, nucile și mărarul. Se adauga putin ulei de masline si se tine deoparte.

Întindeți aluatul cu un sucitor și formați dreptunghiuri obișnuite de ½ **cm grosime. Pune hartie de copt pe o tava si coace la** 175°C **timp de** 10 **minute.**

Scoateți cola din cuptor, întindeți-o cu pateul de măsline și puneți deasupra anșoa.

AROMĂ
Ansoa poate fi înlocuită cu cod afumat. Bucurie

CHORICITOS ÎN CIDRU CU MIERE ȘI ROZMARIN

Materii prime

750 **ml suc de mere**

150 **g miere**

16 **cârnați**

1 **crenguță de rozmarin**

EXPLOZIE

Gatiti chorizos, cidrul, mierea si rozmarinul la foc mic timp de 30 de minute sau pana cand cidrul scade la jumatate.

AROMĂ

Pentru și mai multă aromă, lăsați chorizourile să se odihnească în cidru timp de 24 de ore.

SAMMI DE CÂRMAȚI ȘI SUNNICĂ

Materii prime

10 **carnati afumati**

10 **felii de bacon**

10 **felii de pâine feliată**

1 **OU**

EXPLOZIE

Scoateți marginile feliilor de pâine. Întinde-le cu un sucitor până se întind foarte bine și taie-le în jumătate.

Scoateți marginile cârnaților (le puteți lăsa, e pentru estetică) și tăiați-i în jumătate. Taiati si feliile de bacon.

Ungeți felia cu ou pe toată suprafața și puneți o felie de slănină pentru a vă asigura că nu iese în afară. Puneți cârnații la un capăt al pâinii și împachetați până ajunge la celălalt capăt. Apăsați bine să se lipească și coaceți la 175°C până când pâinea devine crocantă.

AROMĂ

Mini ciocolatele pot fi făcute cu cârnați mici de cocktail. Este important să le consumați imediat pentru a nu se răci.

CIUPERCI LA GRAR CU CREVETI SI ULEI DE CAYENNE SI BUSUOC

Materii prime

250 **g ciuperci**

250 **g de creveți decojiți**

12 **frunze proaspete de busuioc**

3 **catei de usturoi**

1 **cayenne**

Ulei de masline

Sare

EXPLOZIE

Se scot tulpina de pe ciuperci, se curata si se curata si se toaca marunt usturoiul.

Rumeniți ciupercile într-o tigaie încinsă împreună cu usturoiul (întâi cu susul în jos) timp de 2 minute pe fiecare parte. Retrage. Rumeniți ușor creveții în același ulei.

Indiferent, zdrobește busuiocul și cayenne cu puțin ulei.

Peste ciuperci se aseaza crevetii si se condimenteaza cu sare. Se condimentează cu ulei de busuioc.

AROMĂ

De asemenea, le puteți coace 5 minute la 210 ºC și termina cu o felie de brânză Manchego.

CROCHETE DE CÂRNAȚI ȘI PERE

Materii prime

200 g de budincă neagră

120 g unt

120 g faina

1 litru de lapte

2 becuri de conferinta

Făină, ouă și pesmet (pentru acoperire)

Nucșoară

Ulei de masline

Sare si piper

EXPLOZIE

Curățați, tăiați bucăți mici și curățați perele. Necesar.

Rumeniți budinca în puțin ulei până se sfărâmă. Se adauga perele si se prajesc 2 min.

Topiți untul în aceeași tigaie, adăugați făina și fierbeți la foc mic timp de 10 min. Adăugați laptele dintr-o dată, amestecând continuu și gătiți încă 45 de minute. Se condimentează cu sare, piper și nucșoară.

Se pune aluatul pe o tava si se lasa sa se raceasca complet. Împărțiți-le în porțiile dorite și modelați-le. Înmuiați-le în făină, ou și pesmet și prăjiți în ulei din belșug.

AROMĂ

Odată copte crochetele, pot fi congelate. Singurul lucru care trebuie făcut înainte de a le prăji este să le treci din nou prin pesmet.

CROCHETE DE COD

Materii prime

200 **g cod desalinizat**

120 **g unt**

120 **g faina**

1 **litru de lapte**

Făină, ouă și pesmet (pentru acoperire)

Nucșoară

Ulei de masline

Sare si piper

EXPLOZIE

Fierbe codul in lapte 5 minute la foc mic. Se strecoară, se păstrează laptele și se rupe codul în bucăți mici.

Topiți untul într-o tigaie, adăugați făina și fierbeți la foc mic timp de 10 minute.

Adăugați laptele dintr-o dată și, amestecând continuu, fierbeți la foc mic încă 40 de minute. Adăugați codul și gătiți încă 5 minute. Sare si piper si adauga putina nucsoara.

Se pune aluatul pe o tava si se lasa sa se raceasca complet. Împărțiți-le în porțiile dorite și modelați-le. Înmuiați-le în făină, ou și pesmet și prăjiți în ulei bogat.

AROMĂ

Aveți grijă la sare pentru că este mult în cod.

MOLCI ÎN SOS

Materii prime

1 **kg de melci**

50 **g de şuncă serrano tăiată în bucăţi mici**

2 **roşii mari**

2 **catei mici de usturoi**

1 **frunză de dafin**

1 **ceapă mare**

1 **cayenne**

Zahăr

Ulei de masline

Sare

EXPLOZIE

Curăţaţi melcii cu apă şi sare timp de 5 min. Scurgeţi şi repetaţi procesul de 3 ori.

Se calesc melcii in apa rece si se scurg la primul clocot. Repetaţi operaţiunea de 3 ori.

Gatiti melcii timp de 20 de minute cu o frunza de dafin.

Tăiaţi ceapa, ardeiul cayenne şi usturoiul în bucăţi mici. Prăjiţi totul într-o oală la foc mic împreună cu şunca. Adăugaţi roşiile rase şi gătiţi la foc mediu până când roşia îşi pierde toată apa. Ajustaţi sarea şi zahărul dacă este necesar.

Adăugaţi melcii şi fierbeţi 5 minute la foc mic.

AROMĂ

Este foarte important să curățați melcii. În caz contrar, vor apărea arome proaste.

BĂRCI DE TON

Materii prime

200 g faina

100 g ton în ulei

½ dl vin alb

3 linguri de sos de rosii

1 ardei verde mic

1 ceapa primavara mica

1 ou fiert

½ dl ulei de măsline

Sare

EXPLOZIE

Faceți un vulcan cu făina cernută și turnați vinul, uleiul și sarea. Se framanta pana se omogenizeaza si se da la frigider pentru 20 de minute.

Între timp, tăiați ceapa primăvară și ardeiul în bucăți mici. Prăjiți-le la foc mic timp de 10 minute și adăugați sosul de roșii, oul spart în bucăți și tonul mărunțit. Gatiti inca 2 minute si pastrati pana se raceste aluatul.

Intinde-l apoi subtire pe o suprafata infainata sa nu se lipeasca si da-i o forma rotunda. Umpleți fiecare chiflă cu o lingură de ton. Umeziți marginile, sigilați și apăsați cu o furculiță până se etanșează bine.

Se prajesc in ulei din belsug si se scurg pe hartie absorbanta.

AROMĂ

Pentru a reduce caloriile, coaceți la 190 ° **C până se rumenesc.**

Creveți cu usturoi

Materii prime

200 g de creveți

120 g unt

120 g faina

1 litru de lapte

2 catei de usturoi

Făină, ouă și pesmet (pentru acoperire)

Nucșoară

Ulei de masline

Sare si piper

EXPLOZIE

Prăjiți usturoiul feliat împreună cu untul într-o oală la foc mic timp de 5 minute.

Curățați creveții și tăiați-i. Adăugați-le în tigaie și prăjiți timp de 30 de secunde. Adăugați făina și continuați să prăjiți la foc mic încă 10 minute.

Adăugați laptele dintr-o dată și amestecați constant și gătiți încă 45 de minute. Se condimentează cu sare, piper și nucșoară.

Se pune aluatul pe o tava si se lasa sa se raceasca complet. Împărțiți-le în porțiile dorite și modelați-le. Înmuiați-le în făină, ou și pesmet și prăjiți în ulei din belșug.

AROMĂ

Laptele poate fi înlocuit cu un bulion bun din capetele și carcasele creveților.

ULEI DE MOZZARELLA, CIRES SI ARUCULA

Materii prime

16 **bile de mozzarella**

16 **roşii cherry**

1 **mână mică de rucola proaspătă**

1 **lingura nuci tocate**

Ulei de masline

EXPLOZIE

Aduceţi apa la fiert, adăugaţi roşiile şi fierbeţi timp de 30 de secunde. Scoateţi şi răciţi în apă şi gheaţă.

Curăţaţi cireşele şi puneţi frigăruile împreună cu ele şi brânza.

Amestecă chifla şi nucile împreună în puţin ulei şi servim acest sos pe o frigărui.

AROMĂ

Când roşiile sunt albite, se curăţă foarte uşor şi textura devine foarte frumoasă şi moale.

VALABIL

Materii prime

16 **măsline negre fără sâmburi**

16 **ardei iute**

16 **hamsii**

8 **ardei piquillo**

EXPLOZIE

Pregătiți şaisprezece frigărui cu măsline, ardei iute, hamsii şi ardei piquillo.

AROMĂ

Acesta este un aperitiv foarte tipic în Țara Bascilor. Cele mai bune ardei iute sunt din oraşele Guipúzcoa şi cele mai bune hamsii, cele din Santoña.

EMPANADA DE CASĂ Aluat

Materii prime
1 **pahar de vin**
1 **pahar de lapte**
2 **galbenusuri de ou**
Grâu
1 **pahar de ulei de măsline sau de floarea soarelui**
Sare

EXPLOZIE

Bateți tot lichidul și sarea cu câteva bețișoare. Adaugă treptat făină până când aluatul nu se mai lipește de mâini. Împărțiți aluatul în două jumătăți și întindeți ambele jumătăți cu un sucitor până sunt foarte subțiri.

Tapetați o tavă cu hârtie de copt și așezați pe ea unul dintre straturile de aluat. Înțepați suprafața cu o furculiță și umpleți cu ce doriți (care trebuie să fie rece).

Deasupra se aseaza celalalt strat de aluat, se intepa si cu o furculita si se taie la mijloc ca sa iasa aburul. Sigilați marginile și vopsiți cu gălbenușurile bătute.

Încinge cuptorul la 190°C și coace timp de 25 de minute sau până când suprafața devine maro aurie.

AROMĂ

Se poate folosi orice fel de vin: alb, rosu, dulce, etc. De asemenea, puteți adăuga mirodenii precum boia de ardei în aluat.

CROCHETE DE GAIN SI OU FIRT

Materii prime

120 **g unt**

120 **g faina**

1 **litru de lapte**

1 **piept de pui**

2 **oua fierte tari**

Făină, ouă şi pesmet (pentru acoperire)

Nucşoară

Ulei de masline

Sare si piper

EXPLOZIE

Gătiţi pieptul timp de 12 minute, răciţi şi tăiaţi în bucăţi mici.

Topiţi untul într-o tigaie, adăugaţi făina şi fierbeţi la foc mic timp de 10 minute. Adăugaţi laptele dintr-o dată şi, amestecând continuu, gătiţi încă 40 de minute. Adăugaţi ouăle fierte tocate şi puiul. Continuaţi să gătiţi timp de 5 minute.

Se condimentează cu sare, piper şi nucşoară.

Se pune aluatul pe o tava si se lasa sa se raceasca complet. Împărţiţi-le în porţiile dorite şi modelaţi-le. Înmuiaţi-le în făină, ou şi pesmet şi prăjiţi în ulei bogat.

AROMĂ

Puteți înlocui o parte din lapte cu bulion de la gătirea puiului.

PÂINE BRÂNZĂ ȘI NUCI CROCHETE

Materii prime

120 **g unt**

120 **g faina**

100 **g brânză albastră**

1 **litru de lapte**

1 **mână de nuci tăiate sferturi**

Făină, ouă și pesmet (pentru acoperire)

Nucșoară

Ulei de masline

Sare si piper

EXPLOZIE

Topiți untul într-o tigaie, adăugați făina și fierbeți la foc mic timp de 10 minute. Adăugați laptele și brânza dintr-o dată și, amestecând continuu, fierbeți la foc mic încă 45 de minute. Se condimentează cu sare, piper și nucșoară.

Se pune aluatul pe o tava si se lasa sa se raceasca complet. Împărțiți-le în porțiile dorite și modelați-le. Pune un sfert de nucă în fiecare crochetă. Înmuiați-le în făină, ou și pesmet și prăjiți în ulei bogat.

AROMĂ

Gustați din aluatul crochetelor înainte de a adăuga sare, căci brânza dă multă sare.

CROCHETE SUNCA SERRANO

Materii prime

130 **g unt**

120 **g şuncă serrano**

120 **g faina**

1 **litru de lapte**

Făină, ouă şi pesmet (pentru acoperire)

Nucşoară

Ulei de masline

Sare si piper

EXPLOZIE

Tocați mărunt şunca serrano şi prăjiți împreună cu untul timp de 5 minute la foc mic. Adăugați făina şi gătiți încă 10 minute fără a opri amestecarea.

Adăugați laptele şi gătiți încă 45 de minute. Continuă să amesteci. Se condimentează cu sare, piper şi nucşoară. Odată ce s-a obținut o masă omogenă, se lasă la răcit.

Împărțiți aluatul în porțiile dorite şi faceți crochete. Faina, trecem prin ou si pesmet si prajim in ulei din belsug.

AROMĂ

Este de preferat sa se modeleze crochetele a doua zi dupa prepararea aluatului. Acest lucru le împiedică să se rupă în timpul prăjirii.

CARNE DE COD CU CREVETI

Materii prime

200 g faina

150 g cod desalinizat

75 g de creveți decojiți

½ dl vin de porto

3 linguri de sos de rosii

1 lingura stafide

1 lingurita de boia iute

1 ardei verde mic

1 ceapa primavara mica

Ulei de masline

Sare

EXPLOZIE

Faceți un vulcan cu făina cernută și adăugați portul, ½ dl ulei, boia de ardei și sare. Se framanta pana se omogenizeaza si se da la frigider pentru 20 de minute.

Între timp, tăiați ceapa primăvară și ardeiul în bucăți mici. Se prăjește la foc mic timp de 10 minute. Se mărește focul și apoi se adaugă codul zdrobit și creveții. Gatiti inca 1 minut si acum adaugati ketchup-ul, stafidele si prajiti inca 2 minute. Păstrați până se răcește.

Întindeți aluatul pe o suprafață înfăinată până devine foarte subțire și modelați-l într-o formă rotundă. Adăugați 1 lingură de umplutură de cod. Umeziți marginile, sigilați și apăsați cu o furculiță până se etanșează bine.

Se prajesc in ulei din belsug si se scurg pe hartie absorbanta.

AROMĂ

Aluatul trebuie umplut cand este rece. În caz contrar, va fi prea umed și nu va fi crocant sau auriu.

FOCACCIA DE MĂSLINE NEGRE ȘI ITALIANA ROSII USCATE

Materii prime

250 g de făină albă tare

200 g roșii uscate

25 g drojdie proaspata

125 ml apă caldă

15 măsline negre

1 lingurita de zahar

1 lingurita faina

Cimbrul

Ulei de masline

Sare

EXPLOZIE

Amestecați drojdia cu zahărul într-un castron mic. Adăugați 1 linguriță de făină și un strop de apă caldă. Se amestecă bine și se lasă la fermentat aproximativ 10 minute.

Într-un alt castron, amestecați făina, 1 linguriță de sare și 2 linguri de ulei. Adaugati drojdia fermentata si adaugati treptat restul de apa pana obtineti un aluat care se desprinde de pe maini. Acoperiți cu o cârpă și lăsați să își dubleze volumul aproximativ 1 oră.

Întindeți aluatul cu un sucitor și puneți-l pe o tavă de copt. Se întinde toată suprafața cu degetele și se împrăștie peste roșii, măsline și cimbru. Stropiți cu ulei de măsline și lăsați din nou la dospit încă 30 de minute până își dublează volumul.

Încinge cuptorul la 200 ºC și coace focaccia timp de 20 de minute. Odată scos din cuptor, stropiți cu ulei de măsline extravirgin și serviți cald.

AROMĂ

Focaccia poate fi adăugat aproape orice ingredient pentru că este delicioasă cu orice. Important este ca fermentarea să aibă loc într-un loc cald.

GUACAMOLE MEXICAN

Materii prime

2 **avocado coapte**

1 **rosie**

1 **ceapa primavara**

1 **lingură** suc de lămâie sau lămâie

½ **linguriță** de chimen măcinat

Tabasco

3 **linguri ulei de masline**

EXPLOZIE

Tocați mărunt avocado, ceapa primăvară și roșia. Se pune totul intr-un bol si se adauga chimenul, zeama de lamaie, uleiul si cateva picaturi de Tabasco.

Se pasează cu o furculiță până se obține o cremă netedă, dar cu bucăți.

AROMĂ

Pentru a preveni oxidarea guacamole-ului, păstrați-l acoperit la frigider cu picăturile de avocado înăuntru.

OMELETTA ADELEI

Materii prime

800 g de cartofi pentru prajit

7 ouă mari

3 cârnați

ulei virgin

Sare

EXPLOZIE

Curățați cartofii și tăiați-i în sferturi pe lungime și tăiați-i din nou felii subțiri.

Se incinge uleiul la foc mediu si se adauga cartofii. Se prăjește până când se înmoaie aproape. Adăugați chorizo în bucăți mici și continuați să prăjiți până când cartofii sunt ușor aurii.

Bateți ouăle și asezonați cu sare. Scurgeți bine cartofii și chorizourile și adăugați-le în ouă. Ajustați sarea.

Se incinge foarte bine o tigaie si se pun 3 linguri de ulei de la prajit cartofii. Se toarnă amestecul de ouă și cartofi în tigaie, se amestecă 15 secunde la foc mare și se răstoarnă cu o farfurie.

Reincalzeste tigaia si adauga 2 linguri de ulei pentru a praji cartofii. Se adauga tortilla si se rumeneste la foc mare pentru inca 15 secunde.

AROMĂ

Pentru a preveni lipirea tortilla de tigaie, trebuie să o încălziți foarte bine înainte de a adăuga uleiul și tortilla.

MORTERUELO DIN LA MANCHA

Materii prime

1 **potârnichi**

½ **iepure**

¼ **pui**

300 **g bacon**

250 **g șuncă serrano**

250 **g ficat de porc**

100 **g pesmet**

1 **lingurita boia**

1 **cuișoare zdrobită**

1 **baton de scortisoara**

Ulei de masline

Sare si piper

EXPLOZIE

Gatiti toata carnea cu sare intr-o oala inchisa timp de 3 ore. Strecurati si rezervati supa de gatit.

Zdrobiți carnea și îndepărtați oasele și pielea. Se toacă mărunt și se prăjește în jet de ulei timp de 5 secunde.

Se adauga 1 cana de bulion, pesmetul, condimentele, sare, piper si carnea. Gatiti la foc mic timp de 20 de minute fara a opri amestecul (Adaugati mai mult bulion daca a fost consumat). Se condimentează cu sare și piper și se servește fierbinte.

AROMĂ

Carnea trebuie gătită în apă rece, îndepărtând toate impuritățile care apar în timpul primului fierbere.

AIOLI Cartofi

Materii prime
500 **g de cartofi**
6 **catei de usturoi**
Oțet
½ **l ulei de măsline ușor**
Sare

EXPLOZIE

Zdrobiți usturoiul cu sare într-un mojar până obțineți o pastă. Adăugați treptat uleiul în timp ce amestecați cu pistilul până obțineți un sos gros. Ajustați cu un strop de oțet.

Curățați și tăiați cartofii în bucăți obișnuite de mărime medie și gătiți-i în apă rece cu sare până când se înmoaie. Scoateți-le și lăsați-le să se răcească. Sarați cartofii și amestecați cu alioli.

AROMĂ

Adăugarea unui gălbenuș de ou în pasta de usturoi va face sosul mai ușor de făcut. Și dacă adaugi niște frunze de busuioc tocate mărunt, gustul va fi uimitor.

Ficat de pui

Materii prime

1 **kg ficat de pui**

500 **g ceap**ă

200 **g bacon afumat**

60 **g unt**

1 **pahar de coniac**

1 **pahar de vin roşu**

6 **ou**ă

1 **frunză de dafin**

1 **crenguţă de cimbru**

Grâu

Ulei de masline

Sare si piper

EXPLOZIE

Curăţaţi complet ficatul în apă. Prăjiţi ceapa şi baconul la foc mediu timp de 10 minute.

Ridicaţi focul şi adăugaţi ficatul, ierburile, vinul şi ţuica. Gatiti pana cand alcoolul scade aproape complet. Scoateţi frunza de dafin şi amestecaţi cu untul topit şi ouăle.

Se unge si se faina o forma. Adăugaţi aluatul şi coaceţi la bain-marie la 175 ºC timp de 40 de minute sau până când iese curat când îl introduceţi cu acul.

AROMĂ

Juliana înseamnă să tai în fâșii subțiri.

CARTI PALMERITAS CU PESTO

Materii prime
50 g busuioc proaspăt
25 g de nuci de pin
25 g parmezan
1 foaie de aluat foietaj
Ulei de masline
Sare

EXPLOZIE

Bate busuiocul, nucile de pin, parmezanul si sarea cu putin ulei pana se devine groasa.

Întindeți croissantul și umpleți-l cu pesto. Sigilați pe părțile laterale rulând-o simultan până când rulourile se întâlnesc în mijloc. A se păstra la frigider.

Preîncălziți cuptorul la 200ºC. Se feliază palmeritas și se coace până devin aurii.

AROMĂ

Pot fi umplute cu budincă neagră sau șuncă York și brânză. Este aperitivul perfect.

PAINE SUNCA DE SERRANO CU STAFIDE

Materii prime

500 **g de făină tare**

150 **g şuncă serrano**

100 **g unt**

50 **g de stafide**

20 **g drojdie presată**

120 **ml lapte**

1 **lingura de zahar**

1 **ou**

EXPLOZIE

Adăugați zahărul și drojdia la laptele cald. Se lasa la fermentat 15 min.

Faceți un vulcan cu făina și adăugați untul topit, oul și amestecul anterior. Se framanta pana se omogenizeaza aluatul si se lasa 1 ora.

Aplatizați aluatul cu un sucitor și puneți deasupra şuncă și stafide. Rulați ca un rulou elvețian și coaceți la 180ºC timp de 20 sau 25 de minute.

AROMĂ

Se mai poate umple cu somon, bacon si branza, ton etc.

CARTOFI PICANTE

Materii prime

1 **kg de cartofi**

750 **g roșii prăjite**

3 **linguri de otet**

1 **pahar mic de vin alb**

10 **ardei iute (dupa gust)**

10 **migdale crude**

5 **felii de pâine**

3 **catei de usturoi**

1 **ceap**ă

Zahăr

Ulei de masline

Sare

EXPLOZIE

Rumeniți tot usturoiul într-o tigaie. Trage înapoi și comandă. In acelasi ulei se prajesc migdalele si se scot. Apoi rumeniți pâinea și păstrați-o.

Prăjiți ceapa în același ulei împreună cu chili. Când se înmoaie, se face baie cu oțet și vin alb. Lasam sa reduca 3 minute la foc mare si adaugam rosiile, usturoiul, migdalele si painea. Se prăjește 5 minute, se amestecă și se condimentează cu sare și zahăr dacă este necesar.

Curățați și tăiați cartofii în bucăți obișnuite de mărime medie. Gatiti in apa rece, cu sare pana se inmoaie, dar usor ferm. Se strecoară și se lasă să se răcească.

Prăjiți cartofii în ulei foarte încins până devin aurii. Scurgeți excesul de ulei pe hârtie absorbantă și stropiți cu sos brava.

AROMĂ

Poti sari peste cartofii deja prajiti cu putin sos brava. Astfel vor fi bine înmuiate.

O SERIE DE ELU, CREVETI SI MOZZARELLA

Materii prime

8 **felii de pâine**

125 **g pui de anghilă**

60 **g de creveți decojiți**

8 **felii de brânză mozzarella**

4 **frunze de busuioc**

1 **roșie mare**

1 **catel de usturoi**

1 **cayenne**

Ulei de masline

EXPLOZIE

pâinea prăjită Rumeniți ușor usturoiul și ardeiul cayenne, tăiate în bucăți mici, adăugați anghila și prăjiți 2 min. Adăugați un praf de sare.

Roșiile se curăță de coajă, fără sâmburi și tăiați-le în bucăți mici. Tocați mărunt busuiocul.

Pune mozzarella pe paine, apoi anghile si coace la 190°C **pana se topeste branza. Scoatem si punem deasupra rosiile si busuiocul tocat.**

Terminați cu un strop de ulei.

AROMĂ

Poti schimba anghila cu niste conserve de sardine.

ARDEI PIQUILLO CARAMELAT

Materii prime

1 **conserve de ardei piquillo**

125 **g de oțet de Modena**

65 **g zahăr**

EXPLOZIE

Gatiti otetul, zaharul si boia de ardei la foc mic timp de 35 de minute. Se lasa sa se raceasca pana se ingroasa usor in textura. Dacă nu arată așa, gătiți încă 5 minute. Dacă este prea groasă, mai adăugați puțin oțet și gătiți încă 3 minute.

AROMĂ

Este o garnitură perfectă cu brânză de capră.

QUICHE LORRAINE

Materii prime

250 g faina

225 g brânză gruyère sau parmezan

225 g bacon afumat

125 g unt

¼ litru de smântână

4 ouă

Sare si piper

EXPLOZIE

Formați un vulcan cu făina și puneți în mijloc untul înmuiat, 2 ouă și sare. Se amestecă bine și cu grijă și se frământă încet ingredientele. Se pastreaza la frigider acoperit cu folie alimentara.

Întindeți aluatul cu un sucitor până când are ½ cm grosime. Făină și unge o formă. Acoperiți-l cu aluatul, asigurându-vă că nu se rupe. Înțepați fundul cu o furculiță.

Se bat celelalte 2 oua separat cu smantana, sare si piper. Adaugam baconul taiat fasii subtiri si branza rasa. Se toarnă peste matriță.

Coaceți tortul la 170 ºC timp de 40 de minute sau până când un ac introdus în centru iese complet curat.

AROMĂ

Se poate prepara in loturi mici si astfel face un aperitiv minunat.

SÂNGE DE CEAPĂ

Materii prime

1 **kg de sânge**

1 **dl vin alb**

1 **lingura patrunjel tocat**

1 **ceapă mare**

4 **roșii**

1 **cayenne**

Ulei de masline

EXPLOZIE

Prăjiți ardeiul cayenne și ceapa rasă fin până se înmoaie. Adăugați roșiile rase și gătiți până când apa de roșii se evaporă.

Se toarnă sângele în cuburi și se face baie cu vinul. Gatiti 15 minute la foc mic si asezonati cu sare. Se adauga patrunjel tocat si se amesteca.

AROMĂ

Puteți adăuga cuișoare și crenguțe de rozmarin în timp ce gătiți.

RECUPERAREA MIDIEI LA ESCABECHE

Materii prime

750 **g de făină tare**

4 **conserve de midii murate**

1 **sticla de bere**

1 **lingura boia**

2 **catei de usturoi**

1 **frunză de dafin**

1 **ardei verde**

1 **ardei rosu**

1 **ou**

1 **ceap**ă

200 **ml ulei de măsline**

Sare

EXPLOZIE

Faceti un vulcan cu faina si adaugati berea, boia de ardei, uleiul si sarea in mijloc. Frământați până nu se lipește de mâini (dacă este prea uscat, mai adăugați puțină bere și continuați să frământați. Dacă se întâmplă invers, mai adăugați puțină făină). **Se lasa acoperit** 30 **min.**

Între timp, toacă mărunt ceapa, ardeiul și usturoiul. Se prăjește la foc mic aproximativ 15 **minute. Adaugam foaia de dafin si adaugam scoicile scurse, amestecam si lasam sa se raceasca. Ajustați sarea.**

Împărțiți aluatul în două jumătăți și aplatizați cu un sucitor. Pe o tavă se pune hârtie de pergament. Întindeți umplutura pe fund și lăsați 2 cm pe margini. Închideți cu capacul, sigilați marginile și faceți o gaură în mijloc. Ungeți cu ou bătut și coaceți timp de 1 oră sau până când suprafața devine aurie.

AROMĂ

Puteți adăuga scoici, scoici, caracatiță etc. Orificiul din centru este important, deoarece lasă aburul care se creează pe dos, făcând aluatul crocant.

Pâine prăjită cu HESIE CU DULME DE ROSII

Materii prime

16 **hamsii**

500 **g roşii**

100 **g zahăr**

4 **felii de pâine**

4 **frunze de busuioc**

1 **cuişoare**

½ **lămâie**

ghimbir pudra

Ulei de masline

EXPLOZIE

Curatam rosiile si fara samburi. Tăiaţi-o în bucăţi mici, amestecaţi cu zahărul, coaja de lămâie, cuişoarele şi un praf de ghimbir.

Gatiti la foc mic timp de 15 minute pana ramane un sos gros. A se păstra până la rece.

Pâinea prăjită în cuptor, pe grătar sau în prăjitor de pâine. Se unge cu dulceata de rosii, se aseaza deasupra 2 hamsii si se orneaza cu busuioc proaspat.

AROMĂ

Se poate face si cu burta de ton, cu sunca iberica si chiar si cu macrou.

ŞORBET DE ROSII CU ŞUNCĂ DE RĂȚĂ ŞI BUSUOCIC

Materii prime

1 **kg de roşii coapte**

50 **g şuncă de rață**

50 **ml supa de pui**

4 **frunze de busuioc**

½ **cățel de usturoi**

125 **ml ulei de măsline**

Sare si piper

EXPLOZIE

Spălați roșiile și tăiați-le în sferturi. Amesteca-le cu usturoi, supa de pui, frunze de busuioc si ulei. Asezonați cu puțină sare.

Treci printr-un chinezesc și dai la congelator timp de 3 ore. Scoateți la fiecare 20 de minute și răzuiți totul cu o furculiță.

Serviți în shot-uri sau pahare de cocktail cu șuncă de rață deasupra.

AROMĂ

De asemenea, puteți adăuga un strop de vodcă.

TIGRU

Materii prime

1 ½ **kg de midii proaspete curate cu coaja lor**

300 **g apă de la gătirea midii**

300 **g lapte**

250 **g de creveți decojiți**

1 **pahar de vin alb**

3 **linguri pline de făină**

1 **cutie mica de rosii prajite**

3 **catei de usturoi**

2 **cepe**

1 **ardei rosu**

½ **ardei cayenne tocat**

Făină, ouă și pesmet (pentru acoperire)

Nucșoară

Ulei de masline

Sare si piper

EXPLOZIE

Gatiti scoicile acoperite in apa rece pana se deschid. Scoate-le din coajă și toacă. Strecurați bulionul și păstrați una dintre coji.

Tăiați în bucăți mici și prăjiți legumele la foc mic fără a le lăsa să se coloreze. Se adauga crevetii tocati, se prajesc la foc mare 3 minute si se fac baie in vin. Lasam sa se reduca si adaugam 4 linguri de rosii si ardei cayenne tocat. Se adauga apoi midiile si faina si se prajesc inca 3 minute.

Se amestecă bulionul de midii cu laptele şi se adaugă şi acesta. Amestecaţi constant timp de 5 minute până obţineţi un sos bechamel fin. Ajustaţi sare, piper şi nucşoară. Cand aluatul este rece, umplem cojile rezervate, trecem prin faina, ou si pesmet si prajim in ulei din belsug.

AROMĂ

Dacă este acoperit cu cereale zdrobite, se obţine o pâine foarte crocantă.

ANCHOI MARINERT SI ARDEI ROSIU PRAJIT

Materii prime

4 **felii de paine ciabatta**

500 **g de hamsii**

250 **g zahăr**

1 **borcan mic de masline negre**

1 **ardei rosu**

Ulei de masline

250 **g sare grunjoasă**

EXPLOZIE

Curățați anșoa, îndepărtați oasele, măruntaiele și capetele. Separați coloana vertebrală și verificați cu atenție să nu rămână spini.

Se amestecă sarea și zahărul. Se pune jumatate din fund pe o tava, se intinde ansoa peste acest amestec si restul se pune deasupra. Lasam sa se raceasca la frigider 1 ora.

Între timp, coaceți ardeii la 160 ºC timp de aproximativ 1 oră. Se lasa sa se raceasca, se curata de coaja si se taie fasii subtiri.

Scoateți hamsia de sare și curățați-le sub jet de apă.

Pâinea prăjită și pune deasupra fâșiile de ardei și anșoa. Se zdrobesc maslinele ras cu putin ulei si sos deasupra.

AROMĂ

Puteți face aceeași rețetă cu sardine.

TIMBAL DE ŞUNCĂ SERRANO UMPLUT CU CEAPĂ DE PRIVĂVĂRĂ, MERE ŞI BRÂNZĂ

Materii prime

4 **felii de sunca serrano**

¼ **măr acru (verde puternic, granny smith...)**

4 **linguri de zahar**

2 **lingurite de ghimbir si scortisoara**

1 **lingurita cuisoare macinate**

1 **cadă mică de brânză proaspătă în stil Philadelphia**

1 **rulou mic de brânză de capră**

1 **ceapa primavara mica**

1 **conserve de roşii zdrobite**

EXPLOZIE

Gătiţi roşiile zdrobite, zahărul, ghimbirul şi scorţişoara şi cuişoarele zdrobite. Gustaţi şi ajustaţi zahărul şi condimentele dacă este necesar. Păstraţi această dulceaţă timp de 25 de minute.

Intre timp tapetam un pahar cu folie alimentara si apoi cu feliile de sunca Serrano.

Tăiaţi mărul şi ceapa primăvară în bucăţi fine şi amestecaţi cu brânză de capră şi brânză proaspătă. Umpleţi şunca serrano cu acest amestec. Se acopera cu folie alimentara, se formeaza o bila si se da la frigider.

Când este gata de servire, scoateţi hârtia şi grătarul pe toate părţile. Urmaţi cu dulceaţă rece.

AROMĂ

Acesta este un aperitiv sau un aperitiv care va surprinde toți oaspeții. Este delicios fierbinte, proaspăt din tigaie.

MODELE CU ciuperci și brânză

Materii prime

400 g ciuperci

70 g brânză de capră

40 g unt

½ pahar de frisca

1 lingurita faina

1 lingura rachiu

2 galbenusuri de ou

1 ceapă

Arpagic tocat sau patrunjel

EXPLOZIE

Tăiați mărunt ciupercile și ceapa și prăjiți până se epuizează complet apa.

Se bat galbenusurile cu smantana, faina, palinca si arpagicul cu cateva teluri. Adăugați ciupercile și ceapa și continuați să amestecați. Se încălzește și se aduce la fierbere.

Apoi, odată ce focul este stins, adăugați brânza și fierbeți până se topește. Se pastreaza in forme si se da la frigider pentru cel putin 2 ore.

AROMĂ

Puteți adăuga nuci sau fistic la paté. Acestea vor oferi un gust și o crocantitate incomparabile.

PUI DE LEGUME FRÂPT CU ANANAS LA GRĂTAR

Materii prime

8 **felii de pâine**

40 **g de varză diferită**

40 **g brânză Manchego tăiată cubulețe**

1 **piept mic de pui**

4 **linguri de sos roz (vezi sectiunea bulion si sosuri)**

2 **felii de ananas in sirop**

2 **castraveți murați**

1 **ou fiert**

Ulei de masline

EXPLOZIE

Gătiți sânii timp de 12 min. Se răcește și se taie în fâșii subțiri.

Rumeniți ananasul pe ambele părți cu puțin ulei. Rezervați și tăiați mărunt.

Tăiați oul și castraveții și amestecați restul ingredientelor cu sosul roz.

Pâinea prăjită și acoperită cu umplutura.

AROMĂ

Se poate face și cu bucăți de șuncă fiartă și chiar conserve de ton.

SALATA DE TARA

Materii prime

4 **cartofi mari**

150 **g de conserva de ton**

20 **de măsline**

4 **oua fierte**

4 **roșii**

2 **castraveți**

2 **ardei verzi**

1 **ceapă mare**

Oțet

Ulei de masline

Sare

EXPLOZIE

Curățați și tăiați cartofii în bucăți medii. Gatiti-le in apa rece, cu sare la foc mediu pana sunt gata. Strecurați și împrospătați.

Spălați și tăiați legumele în bucăți obișnuite. Faceți o vinegretă cu 3 părți ulei la 1 parte oțet și asezonați cu puțină sare.

Se amestecă toate ingredientele într-un bol și se îmbracă cu vinegreta.

AROMĂ

Puteți prăji 1 lingură de ardei dulce în ulei timp de 5 secunde. Se lasa apoi sa se raceasca si se amesteca cu vinegreta.

SALATA GERMANA

Materii prime

1 **kg de cartofi**

75 **g castraveți în oțet**

8 **linguri de maioneză**

4 **linguri de muștar**

8 **cârnați**

1 **ceapa primavara**

1 **măr**

Sare si piper

EXPLOZIE

Curatam cartofii, ii taiem bucatele si ii punem la fiert in apa. Lasa sa se raceasca.

Tăiați ceapa primăvară și mărul în bucăți mici și feliați cârnații și castraveții.

Amestecați maioneza și muștarul într-un bol și adăugați restul ingredientelor. Asezonați după gust.

AROMĂ

Aceasta este o rețetă foarte completă, deoarece conține legume, fructe și carne. Se poate face si cu mustar dulce.

SALATA DE OREZ

Materii prime

200 g de orez

150 g șuncă York

35 g masline rase

6 capere

3 castraveți murați

1 ceapa primavara mica

1 roșie mică

1 ardei verde

Sos roz (vezi secțiunea bulion și sosuri)

EXPLOZIE

Se fierbe orezul, se strecoară, se împrospătează și se păstrează la rece.

Tăiați mărunt ceapa primăvară, caperele, măslinele, roșia, ardeiul și castraveții și tăiați șunca de York în bucăți mici.

Amesteca toate ingredientele cu orezul si imbracam cu sosul roz.

AROMĂ

Se mai pot adauga conserva de ton, cuburi de branza, ardei piquillo in fasii etc.

SALATA MIXTA

Materii prime

100 **g ton**

20 **de măsline rase**

4 **sparanghel alb la conserva**

3 **oua fierte**

2 **rosii**

1 **salata romana**

1 **morcov ras**

1 **ceap**ă

Oțet
Ulei de masline
Sare

EXPLOZIE

Spălați, sterilizați și tăiați salata verde în bucăți medii. Spălați și tăiați roșiile în optimi și tăiați ouăle în felii.

Faceți o vinegretă din 3 părți ulei la 1 parte oțet cu un praf de sare.

Pune varza in fundul unui bol de salata si peste restul ingredientelor. Asezonați cu vinaigretă.

AROMĂ

Când salata verde este spălată, puneți frunzele în apă cu gheață. Acest lucru le păstrează verzi și foarte crocante.

SALATA DE ARDEI IUT CU Prezervative

Materii prime

12 **calmari curați**

1 **ardei verde italian mare**

2 **catei de usturoi**

2 **rosii**

1 **ceap**ă

1 **castravete**

9 **linguri de ulei de m**ă**sline**

3 **linguri de otet**

Sare

EXPLOZIE

Curățați legumele și tăiați-le în bucăți de dimensiuni medii. Curățați castraveții de coajă și tăiați-i în aceeași dimensiune.

Faceți o vinegretă amestecând uleiul, oțetul și sarea. Se imbraca salata cu vinegreta si se amesteca.

Se incinge o tigaie cu putin ulei, se rumenesc calamarii 30 de secunde pe fiecare parte, se adauga sare si piper in tigaie. Se încălzește ușor și se servește cald.

AROMĂ

Nu supraîncălziți ardeii, deoarece oțetul se va evapora și aroma se va pierde.

SALATA CAPRESE

Materii prime

1 kg de roșii

250 g de brânză mozzarella

½ legătură de busuioc proaspăt

Coborâre la Modena (opțional)

ulei virgin

Sare

EXPLOZIE

Zdrobiți busuiocul proaspăt cu puțin ulei. Tăiați roșiile și mozzarella în felii și puneți-le pe o farfurie.

Asezonați cu ulei de busuioc, sare și reducere de Modena, dacă doriți.

AROMĂ

Uleiul de busuioc poate fi înlocuit cu o salsa minunată pesto.

SALATĂ RUSEASCĂ

Materii prime
1 **kg cartofi**
400 **g morcovi**
250 **g fasole**
400 **g ton în ulei**
4 **oua fierte**
1 **ardei piquillo**
măsline verzi
maioneză
Sare

EXPLOZIE

Curăţaţi şi tăiaţi cartofii şi morcovii în bucăţi de mărime medie. Gătiţi-le în recipiente diferite la o temperatură scăzută pentru a nu se sparge. Fierbe fasolea separat pentru a nu deveni gri. Legume proaspete şi lăsate să se răcească.

Puneti tonul, ouale, maslinele si ardeii tocati intr-un castron de salata. Adăugaţi cartofi, morcovi şi fasole. Sare, sos cu maioneza dupa gust si amestecati. Se da la frigider pana la servire.

AROMĂ

Se amestecă maioneza cu sfecla roşie fiartă şi se adaugă în salată. Salata va fi roz sau mov, in functie de cat se foloseste, foarte izbitoare si cu o usoara aroma de sfecla rosie.

SALATA DE FASOLE ALBE CU SLANCA SI PORTOCALE

Materii prime

200 **g fasole albă fiartă**

200 **g bacon**

2 **portocale**

1 **ceapa primavara**

1 **lingura mustar**

2 **linguri de otet**

9 **linguri de ulei de măsline**

Sare si piper

EXPLOZIE

Tăiați slănina fâșii și rumeniți-o în puțin ulei. Necesar.

Tăiați ceapa în julienne fină. Se spală bine fasolea. Curățați o parte din portocale și curățați coaja albicioasă care le acoperă.

Faceți o vinegretă cu uleiul, oțetul și muștarul.

Amesteca toate ingredientele cu vinegreta si asezoneaza.

AROMĂ

Potârnichile murate sunt un acompaniament perfect pentru această salată.

MERLULU LA RIOJANA

Materii prime

4 creste luminoase

100 ml vin alb

2 rosii

1 ardei rosu

1 ardei verde

1 catel de usturoi

1 ceapă

Zahăr

Ulei de masline

Sare si piper

EXPLOZIE

Tăiați mărunt ceapa, ardeiul și usturoiul. Prăjiți totul într-o tigaie la foc mediu timp de 20 de minute. Se mărește focul, se adaugă vinul și se reduce până se usucă.

Adăugați roșiile rase și gătiți până își pierd toată apa. Ajustați sare, piper și zahăr dacă este acru.

Prăjiți coapsele într-o tigaie până devin aurii la exterior și zemoase la interior. Urmați cu legumele.

AROMĂ

Sareți marinada cu 15 minute înainte de gătire, astfel încât sarea să fie distribuită mai uniform.

COD CU SOS DE CAPSUNI

Materii prime

4 file de cod sarat

400 g zahăr brun

200 g căpșuni

2 catei de usturoi

1 portocală

Grâu

Ulei de masline

EXPLOZIE

Se amestecă căpșunile cu sucul de portocale și zahărul. Gatiti 10 minute si scoateti.

Tăiați usturoiul și rumeniți-l într-o tigaie cu puțin ulei. Trage înapoi și comandă. Prăjiți codul pudrat cu făină în același ulei.

Servim codul cu sosul intr-un vas separat si punem deasupra usturoiul.

AROMĂ

Puteți înlocui căpșunile cu marmeladă de portocale amare. Apoi trebuie să folosiți doar 100 g de zahăr brun.

Păstrăv murat

Materii prime

4 păstrăvi

½ litru de vin alb

¼ litru de oțet

1 ceapa mica

1 morcov mare

2 catei de usturoi

4 cuișoare

2 foi de dafin

1 crenguță de cimbru

Grâu

¼ litru de ulei de măsline

Sare

EXPLOZIE

Sare si faina pastravul. Se prajesc 2 minute pe fiecare parte in ulei (trebuie sa fie crude pe interior). Trage înapoi și comandă.

Prăjiți legumele în aceeași grăsime timp de 10 minute.

Scăldați cu oțet și vin. Se condimentează cu puțină sare, ierburi și condimente. Gatiti la foc mic inca 10 minute.

Adăugați păstrăvul, acoperiți și gătiți încă 5 minute. Se ia de pe foc si se serveste cand este rece.

AROMĂ

Această rețetă este cel mai bine consumată peste noapte. Odihna îi dă mai multă aromă. Folosiți resturile pentru a face o salată delicioasă de păstrăv marinat.

FRUCTE DE MARE STIL BILBAO

Materii prime

1 biban la 2 kg

½ litru de vin alb

2 linguri de otet

6 catei de usturoi

1 ardei iute

2 dl ulei de măsline

Sare

EXPLOZIE

Dati painea, adaugati sare, adaugati putin ulei si coaceti la 200°C 20 sau 25 min. Fa baie putin cate putin cu vinul.

Intre timp se rumenesc usturoiul feliat in 2 dl ulei impreuna cu chilli. Se umezește cu oțet și sos peste biban de mare.

AROMĂ

A dăltui înseamnă a tăia peștele pentru a facilita gătitul.

SCAMPI DE CREVETI

Materii prime

250 g de creveți

3 catei de usturoi, taiati felii

1 lămâie

1 ardei iute

10 linguri de ulei de măsline

Sare

EXPLOZIE

Pune într-un bol creveții decojiți, sărați-i bine și adăugați zeama de lămâie. Elimina.

Rumeniți usturoiul feliat și ardeiul iute într-o tigaie. Înainte să prindă culoare, adăugați creveții și prăjiți-i timp de 1 min.

AROMĂ

Pentru a le da mai multă aromă, amestecați creveții cu sare și lămâie timp de 15 minute înainte de prăjire.

COD

Materii prime

100 g cod desalinizat bucatele

100 g ceapa primavara

1 lingura patrunjel proaspat

1 sticla de bere rece

Pigmenti

Grâu

Ulei de masline

Sare si piper

EXPLOZIE

Punem intr-un bol codul, arpagicul si patrunjelul tocat marunt, berea, putin colorant, sare si piper.

Se amestecă și se adaugă câte o lingură de făină, amestecând continuu, până când obțineți un aluat asemănător ca textură cu terciul ușor gros (care să nu picure). Se lasa la racit 20 min.

Se prajesc in ulei din belsug si se adauga linguri de aluat. Cand sunt aurii, se scoate si se aseaza pe hartie absorbanta.

AROMĂ

Dacă berea nu este disponibilă, se poate face cu sifon.

COD DE AUR

Materii prime

400 g cod sărat și zdrobit

6 ouă

4 cartofi medii

1 ceapă

Patrunjel proaspat

Ulei de masline

Sare

EXPLOZIE

Curățați și tăiați cartofii fâșii. Se spala bine pana cand apa curge limpede si apoi se prajeste in ulei foarte incins. Asezonați cu sare.

Prăjiți ceapa. Ridicați focul, adăugați codul zdrobit și gătiți până dispare lichidul.

Bateți ouăle într-un castron separat, adăugați codul, cartofii și ceapa. Se amestecă foarte ușor în tigaie. Asezonați cu sare și terminați cu pătrunjel proaspăt tocat.

AROMĂ

Trebuie să fie ușor prăjit pentru a fi suculent. Cartofii nu se sareaza pana la sfarsit ca sa nu-si piarda crocant.

CRAB ÎN STIL BASC

Materii prime

1 paianjen

500 g roșii

75 g șuncă serrano

50 g pesmet proaspăt (sau pesmet)

25 g unt

1½ pahar de coniac

1 lingura patrunjel

1/8 ceapă

½ cățel de usturoi

Sare si piper

EXPLOZIE

Gatiti crabul paianjen (1 min la 100 g) in 2 l de apa cu 140 g de sare. Se răcește și se scoate carnea.

Prăjiți ceapa și usturoiul tăiate în bucăți mici împreună cu șunca tăiată fâșii fine julienne. Adaugati rosiile ras si patrunjelul tocat si gatiti pana obtineti o pasta uscata.

Se adaugă carnea de crab, se înmoaie cu țuică și se flambează. Adăugați jumătate din firimitura de căldură și umpleți crabul păianjen.

Deasupra se presară restul firimiturii și se întinde untul tăiat bucăți. Coaceți gratinatul până devine auriu deasupra.

AROMĂ

Se poate face și cu un chorizo iberic bun și chiar umplut cu brânză afumată.

ANCHOS IN OTIT

Materii prime

12 hamsii

300 cl otet de vin

1 catel de usturoi

Pătrunjel tocat

Ulei de măsline extra virgin

1 lingurita sare

EXPLOZIE

Punem hamsia curata pe un platou plat impreuna cu otetul diluat in apa si sare. A se păstra la frigider timp de 5 ore.

Intre timp, usturoiul si patrunjelul tocate marunt se amesteca in ulei.

Scoateți anșoa din oțet și acoperiți-le cu ulei și usturoi. Se pune din nou la frigider pentru încă 2 ore.

AROMĂ

Spălați hamsiile în mod repetat până se scurge apa.

BRANDĂ DE COD

Materii prime

¾ kg cod sarat

1 dl lapte

2 catei de usturoi

3 dl ulei de măsline

Sare

EXPLOZIE

Încinge uleiul cu usturoiul într-o cratiță mică la foc mediu timp de 5 minute. Se adauga codul si se mai caleste la foc foarte mic inca 5 minute.

Încinge laptele și pune-l într-un borcan de blender. Adăugați codul fără piele și usturoiul. Bateți până obțineți un aluat fin.

Adaugati uleiul fara a opri baterea pana obtineti un aluat consistent. Se condimenteaza cu sare si se coace la cuptor la putere maxima.

AROMĂ

Se poate consuma pe paine prajita si acoperit cu putin aioli.

PERIOADA ÎN ADOBO (BIENMESABE)

Materii prime

500 g de patine

1 pahar de otet

1 lingura rasa de chimen macinat

1 lingură egală de boia dulce

1 lingura de oregano

4 foi de dafin

5 catei de usturoi

Grâu

Ulei de masline

Sare

EXPLOZIE

Puneți canisa tăiată și curățată anterior într-un recipient adânc.

Adăugați o mână bună de sare și linguritele de boia de ardei, chimen și oregano.

Zdrobiți usturoiul cu pielea și adăugați-l în recipient. Rupeți frunzele de dafin și adăugați-le și ele. La final se adauga paharul cu otet si inca un pahar cu apa. Lăsați să se odihnească peste noapte.

Uscați bucățile de câine, făinați și prăjiți.

AROMĂ

Dacă chimionul este proaspăt măcinat, adăugați doar ¼ din lingura egală. Se poate face cu alti pesti precum pomfret sau monkfish.

CITRICE ȘI TON MURAT

Materii prime

800 g ton (sau ton proaspăt)

70 ml otet

140 ml vin

1 morcov

1 praz

1 catel de usturoi

1 portocală

½ lămâie

1 frunză de dafin

70 ml ulei

Sare si piper

EXPLOZIE

Tăiați morcovul, prazul și usturoiul în felii și prăjiți în puțin ulei. Cand legumele au devenit moi, se adauga otet si vin.

Adăugați foaia de dafin și piperul. Ajustați sarea și gătiți încă 10 minute. Adăugați coaja și sucul de citrice și tonul tăiat în 4 bucăți. Gatiti inca 2 minute si lasati sa se odihneasca sub foc.

AROMĂ

Urmați aceiași pași pentru a face o marinată de pui delicioasă. Este necesar doar să rumeniți puiul înainte de a-l pune în oala de marinată și să gătiți încă 15 minute.

www.ingramcontent.com/pod-product-compliance
Lightning Source LLC
Chambersburg PA
CBHW071333110526
44591CB00010B/1129